easy go!

用 龜 毛 法 學 撇 步

股市贏家精通的

技術線 學習 提案

目錄

目錄

01章

STOCK

移動平均線

01 什麼是技術線？

技術線(也可稱「技術指標」)是用統計方法將股價等資料加工而成指標或圖表。簡單的說，技術線就像是汽車計速器或體溫計，使用者即使不完全瞭解內部詳細的構造，但在日常生活中也能簡易使用。

技術就是這樣，即使不去一個一個瞭解詳細的結構，只要知道意義和用法，就能判斷出——

股價上漲太多了，行情過熱，差不多需要注意了……。

股市已經充分休息過了，什麼時候開始上漲都不足為奇……。

技術指標有很多種，國內外加加起來應該有上百種，而且隨著電腦普遍，投資人自己開發的技術指標還一直不斷在增加之中，有些電視投顧老師也會行銷自創的技術指標。

▷ 尋找各個時間的有效指標！

使用技術指標，首先要在不同時間找出適合個股的指標，如——

現在RSI信號對台積電的走勢很有效，但是MACD不夠……

聯發科的MACD已經出現該賣的訊號，可是RSI還不夠……

不同股票、不同時間週期，在主客觀環境上不同，有效的技術指標也不一樣。

技術指標大致可以分為追趕走勢的順流而下型如：MACD等，以及尋找「過度買進」或「過度賣出」的逆流而上型如：RSI、KD等。

順流而下一般稱為趨勢型指標，也就是跟隨著本來就上漲的股票，等待進一步的上漲，是一種隨行情而動的方法；逆流而上又稱為擺盪型指標，也就是在股價超跌處買進以等待反彈，是一種逆價格變動而行的方法。

技術指標分別從這兩種觀點出發，提供投資人買進或賣出訊號。

使用趨勢型指標時，雖然走勢明確時很管用，但當走勢崩潰，也要設停損點；相同的，使用擺盪型指標當指標顯示「過度賣出」而出現買進信號時，若市場還一直下跌，訊號也會無效而出現指標鈍化。

不管那一種技術指標都沒有辦法100%找出「這裡一定會跌(漲)的點」，因此，再怎麼受信任的指標都會有失靈的時候，這是常識。所以，投資人仍需與交易策略搭配，合理的停損停利。

* 技術指標分類

	逆流而上型(擺盪型)	順流而下型(趨勢型)
說明	數值在一定範圍內上下擺盪，利用擺盪指標可判斷股價超買及超賣水準。	行情漸趨向上(向下)的慣性，可以作為多頭或空頭開始的參考。
指標	RSI、KD	移動平均線、MACD
盲點	只能標示超買或超賣，無法指出正確的買賣點，要配合其他指標並設停損點。	走勢崩潰時也要停損。
附註	技術分析是利用過去的資料推論未來，因此嚴格來講是行情「可能性」的參考，不是絕對性的。 由於每一檔股票參與的人不一樣，形成的操作循環也不同，因此，使用同一套技術指標且同一套參數去操作所有投資標的是不合理的。 比如，以外資法人持股高的台積電及另外一檔完全沒有外資法人持股的小型股甲公司而言，台積電因為是法人持有，中長期趨勢較不易改變，因此以循環較長的趨勢指標來操作較有利(如MACD等)，但小型的甲公司是散戶的最愛，短期間容易暴起暴跌，投資人一面利用趨勢型指標一面加上擺盪指標(如KD、RSI等)來操作，勝率較大… 但不管怎麼說，技術指標的製作是來自於股價，也就是先有股價這個結果才有技術線這個指標，因此，投資人要先精研幾項指標再互相搭配使用是比較合理的。	

移動平均線的繪製方法

　　移動平均線(Moving Average；MA)是將股價的變動價格平均化，從而表示股價大致走勢的線。在大部分的股價圖中，移動平均線都會和K線一起出現。移動平均線按照計算期間不同，分為很多種。

　　比如，5日移動平均線、13週移動平均線等。以5日移動平均線為例，表示包括當天在內過去五天的收盤價總和除以5所得的平均值，第二天以後的計算方式也與此相同，如此將每天的平均值連結起來，就是「五日移動平均線」。看股價圖時，這些線圖沒有必要自己計算，網路上都能輕鬆找到，而且大部份都可以自己設定參數。

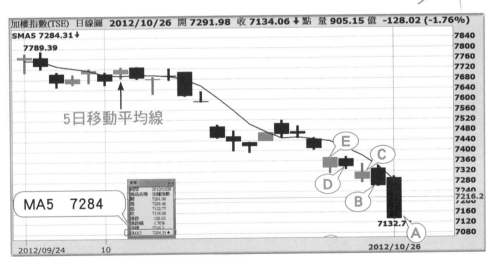

最近五個營業日的收盤價平均值

(A)　　(B)　　(C)　　(D)　　(E)

$$\frac{7134+7262+7314+7337+7373}{5}=7284$$

＊ 移動平均線範例

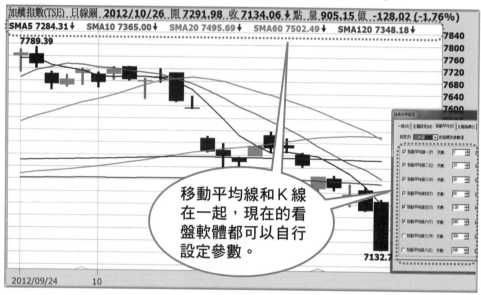

> 移動平均線和Ｋ線在一起，現在的看盤軟體都可以自行設定參數。

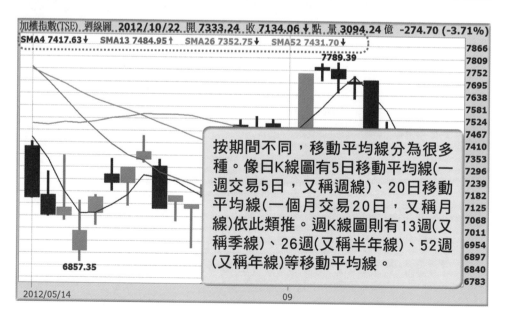

> 按期間不同，移動平均線分為很多種。像日Ｋ線圖有5日移動平均線(一週交易5日，又稱週線)、20日移動平均線(一個月交易20日，又稱月線)依此類推。週Ｋ線圖則有13週(又稱季線)、26週(又稱半年線)、52週(又稱年線)等移動平均線。

如何利用移動平均線判斷行情多空

　　股價是指交易成立的價格，也就是買主買進所花費的成本（買價）；5日移動平均線也是過去五天內，買進該股票的買家們花費的平均買進成本。因此，若股價位於5日移動平均線上方，說明過去五天內，買進股票的大多數買家們目前處於獲利狀態；相反，若股價位於5日移動平均線下方，說明過去五天內買進股票大多數買家目前處於虧損狀態。

　　獲利的買家是多?還是少?會影響到股票的供需（想買進股票的買家「對股票的需求」，和想賣出股票的賣家「對股票的供給」兩者之間的平衡叫供需）。獲利的買家多，容易強化買家繼續持有的態度。

　　移動平均線同時也表示該期間內投資人購買股票的平均成本，所以，移動平均線常被視為行情轉折點。也就是說當股價一直下跌時，股價可能會在均線的位置反彈，或者股價一直上漲時，股價可能在移動平均線的位置受到壓力而下跌。

▷　透過均線的方向和排列判斷走勢

　　上漲走勢時均線與股價的位置是：
①移動平均線運動的方向朝上；②股價位於移動平均線上方。
　　相反的，如果處於下跌走勢，均線與股價的位置則是：
①移動平均線運動的方向朝下；②股價位於移動平均線下方。

＊ <u>從移動平均線（ＭＡ）和股價位置推測投資人的心理狀態</u>

股價位於ＭＡ上方，
說明買進勢頭強勁

股價位於ＭＡ上方時，買進了股票的大多數買家獲得帳面利潤。心想：「不錯。再買進一點」，投資人願意花更高的價錢買進。

ＭＡ朝下
說明處於下跌走勢

股價位於ＭＡ之下，說明投資人買進並不踴躍，所願意出的價錢愈來愈低。

ＭＡ朝上
說明股價處於上漲走勢

ＭＡ朝上，是重要的上漲走勢標誌。股價下跌到ＭＡ，就是「一時突然下跌」的買進時機。

股價過於偏離ＭＡ
會拉回靠近ＭＡ

股價下跌過於偏離ＭＡ，人們認為「都已經跌到這種程度」而買進，於是股價回到ＭＡ；另一面當初以這個成本（ＭＡ）買入的人會想：「都回到買價了，趁現在賣出」，又容易出現賣出潮。

▷ 多頭排列與空頭排列

短天期的移動平均線表達最近投資人的買賣意向，移動平均線的
採樣天數愈長，表示愈長時間段投資人的動向。也就是說，在上漲走
勢中股價首先上漲，之後短期間移動平均線開始追趕式上漲。因此，
當股價呈上漲的多頭格局時，股價與均線由上到下依次是①股價、②5
日移動平均線、③20日移動平均線、④60日移動平均線。這種排列稱
「多頭排列」是上漲趨勢局面。反之稱為「空頭排列」是下跌趨勢。3-2

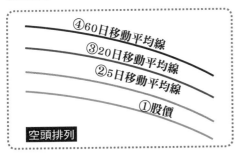

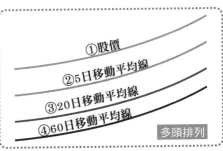

Point 04　話說既助漲也助跌的移動平均線

移動平均線算是技術分析領域中最基本也是使用最廣泛的。

當短期移動平均線與長期移動平均線朝同一方向前進時，通常會持續一段時間，可能是幾天可能是幾周或幾個月之後才改變方向。

此外，移動平均線還具備助跌與助漲的功能。

MA的助跌：

股價跌破平均線之後，股價如果持續向下移動，因為股價在平均線之下，代表一定期間內的股票平均成本高於目前股價，因此，當股價上升到移動平均線的時候，就會出現想要解套的賣出投資人，於是很容易產生「供給增加，但需求不變」的情況。如此，股價就容易下跌。

所以，當移動平均線往下彎的時候，股價反彈到移動平均線附近，就是賣點。

這就是移動平均線的助跌作用。

MA的助漲：

多頭市場短期平均線向上移動速度雖然比較快，但表示大家的成本都不斷的增加，如果多頭市場買方力量較強，股價回跌到長期移動平均線附近表示有意願買進的投資人成本是相對偏低的，此時，「需求股票增加，供給不變」股價便容易上漲。

所以移動平均線有助漲的作用。

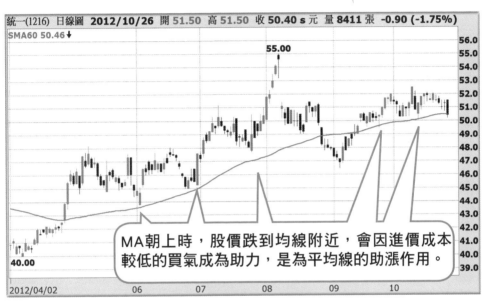

> MA朝上時，股價跌到均線附近，會因進價成本較低的買氣成為助力，是為平均線的助漲作用。

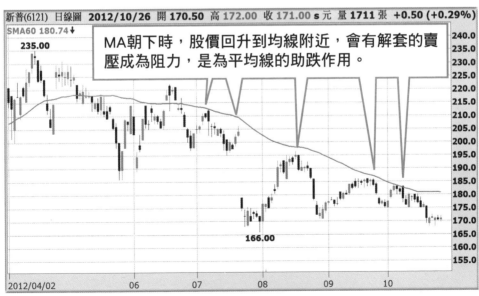

> MA朝下時，股價回升到均線附近，會有解套的賣壓成為阻力，是為平均線的助跌作用。

05 經典技術分析：黃金交叉、死亡交叉

一般說來，股票的價位在移動平均線之上的，意味著市場買的力道(需求方)較大；目前的價位在移動平均線之下的，意味著市場賣的力道(供給方)較大。

當短期移動平均線從下往上穿透長期移動平均線，稱為黃金交叉。黃金交叉產生後，可以判斷趨勢轉為上漲，是買進標誌；相反的，短期移動平均線從上往下穿透長期移動平均線，稱為死亡交叉。死亡交叉產生後，可以判斷趨勢轉入下跌，一般是賣出標誌。不過也有不能買進的黃金交叉和不適合賣出的死亡交叉。

▷ 善用搜尋引擎

要找出交易訊號黃金交叉與死亡交叉，除了網路券商可能會提供之外，也可以利用網路關鍵字蒐尋，就可以發現不少網站提供盤後的資訊，已經整理好那些股票呈現黃金交叉或死亡交叉，如此，就不需一檔一檔找。只要再從中循線找交易機會就省力多了。

* **黃金交叉與死亡交叉範例**

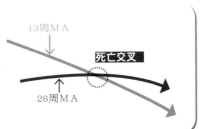

短期移動平均線從上往下穿透
長期移動平均線，賣出標誌。

中石化(1314) 週線圖 2012/10/22 開 22.40 高 23.35 收 21.50 s 元 量 95880 -1.30 (-5.70%)
SMA13 23.64↓ SMA26 24.64↓

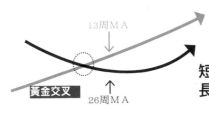

短期移動平均線從下往上穿透
長期移動平均線，買進標誌。

Point **06** 　## 葛蘭碧移動平均線八法則

　　葛蘭碧（Granville）是系統性使用移動平均線的創始人，他所提出的葛蘭碧八法則總結了移動平均線使用方法的精華，是每位股票投資人看股價圖一定要了解的。

▷　### 移動平均線上的八個買賣標誌

　　了解移動平均線的繪製方法後再來看葛蘭碧的八個法則，事實上很容易理解。原則上當移動平均線由朝下轉入朝上，股價也上漲至移動平均線的上方後，就可以判斷「走勢變為上漲」從而買進，這是基本的思維。

　　之後，只要移動平均線持續朝上（也就是仍然處於上漲走勢中），股價下跌到移動平均線附近時，就是買進時機。不過，當股價大幅度高於（偏離）移動平均線時，就要考慮賣出。等到股價下跌至移動平均線附近時，就可以考慮再次買進。

　　而原本向上走的移動平均線變為平緩的弧度並朝下走，股價也下跌至移動平均線之下，這時候可以看成是「走勢變為下跌走勢」而考慮賣出。之後，股價每次上漲到移動平均線附近後，就是賣出時機。而當股價大幅度低於（偏離）移動平均線時，股價就會朝移動平均線靠近，所以，這時可以看成是買進的時機。

　　現在，重要的問題來了，在股價偏離移動平均線多少的時候，買

進(賣出)比較好呢？

　　這個數字沒有百分之百的答案，它得配合操作策略、基本面與其他技術指標綜合判斷。

▷ 移動平均線的時間怎樣選擇？

　　葛蘭碧的八法則適用於幾日移動平均線呢？

　　觀察股價圖慢慢就會發現，不同的個股，股價有時候會隨著20日移動平均線而動，有時候會隨60日移動平均線而動。如果股價沿著20日移動平均線上漲或下跌，那麼就在20日移動平均線上使用葛蘭碧法則，依此類推。

　　另一面來說，使用哪一條移動平均線則要由交易時間來決定。

　　一般來講，如果你的交易策略是中長期(比方說幾個月左右的交易)，那麼13週、26週是比較常用的。

　　如果你的交易策略是中期(比方說幾個星期左右的交易)，通常可以採用20日、60日。

　　如果你的交易策略是短期(比方說幾天左右的交易)，3日、5日、60分鐘都有人採用。至於超短線的當沖者(一天中對同一檔股票又買又賣)則要用一分鐘、三分鐘、五分鐘K線。

　　而不管採用的是什麼時間的均線，都適用葛蘭碧法則。

* <u>葛蘭碧八法則示意圖</u>

6-1

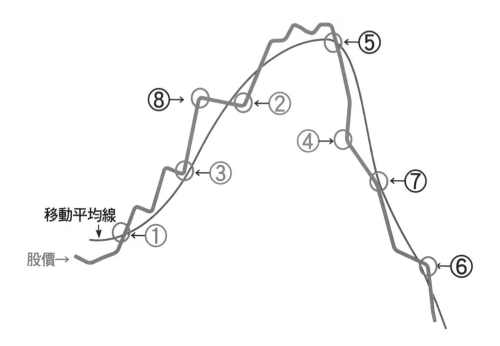

解構葛蘭碧8法則

① 表示突破底部。

⑤ 表示跌破頭部。

②、③ 則是漲勢的拉回。

⑥、⑦ 是跌勢的反彈。

④ 表示當時價位大跌,離均線太遠會朝均線拉回。

⑧ 表示價位大漲時離均線太遠,會朝均線拉回。

6-2

買進訊號

買進訊號① 股價向上穿透

平均線從下降漸漸的變成平緩，甚至有上揚的趨勢；股價由下方突破均線。

買進訊號② 股價下穿立刻回頭

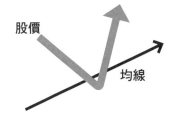

當平均線還是上揚的走勢，股價從上跌到均線的下方，但不久又回到均線。

買進訊號③ 沿線維持上升走勢

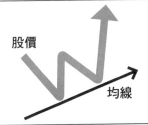

平均線還是上升走勢，股價跌到快靠近平均線或是已經跌破平均線但又回頭。

買進訊號④ 急跌乖離大

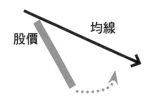

股價重挫，使得股價遠離平均線下方，兩者之間乖離太大，有機會反彈。

賣出訊號

賣出訊號⑤ 股價向下穿透

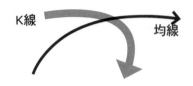

平均線從上升走勢轉為平緩走勢，股價從上往下穿過平均線。

賣進訊號⑥ 股價上穿立刻回頭

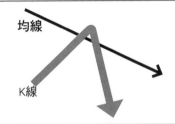

均線還是向下的走勢，股價突然向上突破均線但隨即回頭。

賣進訊號⑦ 沿線維持下跌走勢

平均線還是向下走勢，股價在均線下方回升但沒超過均線就回頭。

賣進訊號⑧ 急漲乖離大

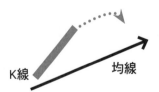

股價突然大漲，並在平均線上方偏離均線很遠易獲利回吐，使價格再次回到均線。

* **葛蘭碧八法範例一（台積電日線圖）**

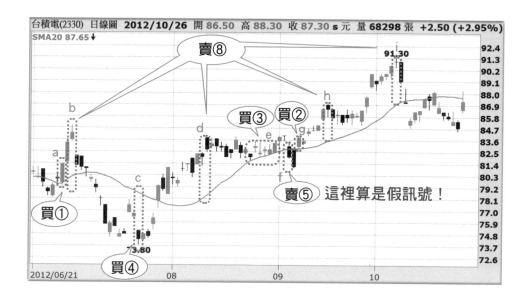

　　請由左而右，參考說明：a 符合「由下方突破均線」的條件，且均線的角度上揚，可視為「買①」；b 的 K 線帶了很長的上影線，且與上揚的均線乖離很大，是標準的「賣⑧」；c 的 K 線帶了長的下影線，且與下彎的均線乖離很大，是標準的「買④」；d 圈起來的有兩根 K 線，兩根都是高檔區調節的訊號，加上與上揚的均線乖離大，也符合「賣⑧」的條件；e 一群幾乎水平排列的 K 線均符合「買③」的條件；f 就條件來看屬於「賣⑤」，但也可說它是「假訊號」；g 應該視為「買②」，也就是，均線還是上揚的走勢，股價從上跌到均線的下方，但又回到均線的模式。h 與 i 則和 b 一樣是「賣⑧」。

* 葛蘭碧八法範例二（台積電週線圖）

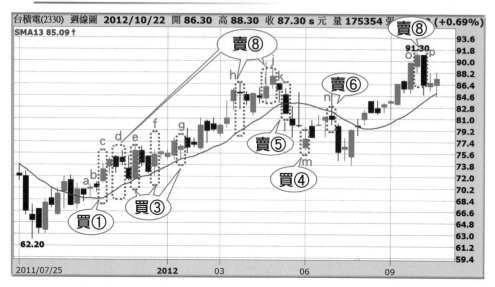

請由左而右，參考以下的說明：

a 與 b 兩根 K 線已經完全符合「由下方突破均線」的條件，但這時候還不是進場的時機，因為均線的角度還是略為向下彎的情況，但在 c 的情況就可視為「買①」了，因為此時的均線已經開始向上彎，說明價格已經站上均線。

在標示 d 的 K 線是一根帶著長上影線的黑 K，雖然這時的均線仍處於向上揚趨勢，但在 d 這裡已經偏離均線很遠，且 K 線的樣子也說明在高檔出現獲利了結的賣壓，短線投資者勢必在這裡要做調整，因此，它符合「賣⑧」的條件。

e、f、g，均符合「買③」的條件，也就是當均線處於上揚趨勢，但股價已經跌近均線又回頭。

　　h、i、j、k單就K線判斷，即屬於高檔空頭的線型，且其出現的位置又符合均線「賣⑧」的條件，投資人就算在這裡要買進追高也一定要非常小心。

　　l是非常標準的「賣⑤」圖形，均線從上升走勢轉為平緩，l的長黑K線，是多頭轉空很有力的證據，事實證明，在l的長黑K線之後，行情走了近一個月的跌勢。

　　m是在急跌之後，行情向均線反彈的行情，符合「買④」的條件。

　　n是一根很長上影線的黑K線，是上漲壓力很大的訊息，行情從m處上漲到n，但均線仍處於下彎的走勢，說明股價雖企圖向上突破，但隨即回頭，符點「賣⑥」的條件。

　　o又是一個過度上漲的訊號，雖然均線強力上漲中，但與均線乖離太大，容易獲利回吐，符合「賣⑧」的條件。p的大陰線，說明在這裡的確出現短線獲利了結潮。

　　（有關每根「K線」不同位置所代表的不同意義，請參考本書同系列第2冊《沒有理由不賺錢的股價圖學習提案》一書。）

07 葛蘭碧絕對實用的四秘訣

股價在均線之上，這條均線就有支撐的作用，當股價下跌碰觸到這條線後容易出現技術性回彈；股價在均線之下，這條均線就有了壓力的作用，股價上漲遇到這條線容易再跌下來。所以均線有支持與壓力兩種作用。

拆解葛蘭碧的八法，原則就如上述，但若依照葛蘭碧的八法完法完全泡製，投資人會發現有很多地方事實上很難判斷。

世上沒有一種方法可以百分之百完全掌握行情，只能說，了解某種技術指標可讓投資人的勝率較高。當然，影響股價走勢最具體的必然是基本面，因此不管你學習與使用的是那一項技術指標，新聞還是要確實掌握。

以下就四項均線實戰秘訣做逐項探討。

葛蘭碧八法實戰秘訣① 盤整時訊號不明，應避開

在強勁的單邊走勢中，均線所發出的買賣訊號可靠性極強，但在盤整走勢時就較容易出現失誤率。

要對付均線的這個缺點，找出自己看得懂的標的操作是很重要的，若是看不懂個股的圖形就不要勉強操作，要嘛就等圖形訊號很明顯時才出手，要嘛就換股操作。尤其是行情盤整時，長、中、短天期的均線必然糾結在一起，從均線來看無法看出趨勢，此時的均線也就無用武之地了。

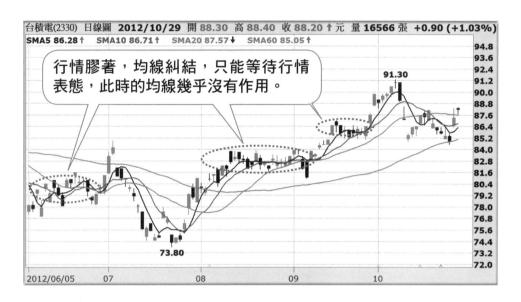

7-1

台積電(2330) 日線圖 **2012/10/29** 開 88.30 高 88.40 收 88.20 ↑ 元 量 **16566** 張 **+0.90 (+1.03%)**

SMA5 86.28↑   SMA10 86.71↑   SMA20 87.57↓   SMA60 85.05↑

> 行情膠著，均線糾結，只能等待行情表態，此時的均線幾乎沒有作用。

91.30

73.80

葛蘭碧八法實戰秘訣② 天期愈長準度愈高，可用長線保護短線

先就K線圖來說，月線上均線的準度會比週線有參考價值，週線上的均線又比日線有參考價值。因此，在實際應用時，可以先找出長期上漲趨勢的個股，等短天期有交易機會再出手。

投資人若是操作的時間比較短，平常只看日線，那麼就可以先從週線找出有利的圖形之後再觀察日線；或者也可以日只看線，但要在軟體上加設定長天期的均線。

例如，你看週線圖上的52SMA，也就是週線圖上的年線(一年有52週)，大約就相當於日線圖上的240SMA(一年約有240個交易日)，依此類推。

長天期的均線（如這裡的年線）向下彎，若要做多一定要非常小心。這裡出現月線與季線死亡交叉，宜站空方，專找放空點。

長天期的均線（如這裡的年線）向下彎，若要做多一定要非常小心。
這裡出現月線與季線黃金交叉，若一定要做多的話，必需跑短線，不能放長。

葛蘭碧八法實戰秘訣③ 　葛蘭碧法則第 2 與第 6 失誤率高，應多細心

　　根據經驗葛蘭碧8法則中的第②與第⑥失誤率較高。新手若對買賣訊號不那麼有把握，就找那種很有把握的做交易，反正有近千檔的股票可選，沒必要冒風險。

7-3

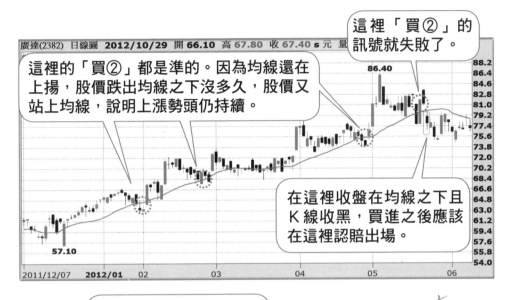

這裡「買②」的訊號就失敗了。

廣達(2382) 日線圖 2012/10/29 開 66.10 高 67.80 收 67.40 s 元 量

這裡的「買②」都是準的。因為均線還在上揚，股價跌出均線之下沒多久，股價又站上均線，說明上漲勢頭仍持續。

在這裡收盤在均線之下且K線收黑，買進之後應該在這裡認賠出場。

86.40

57.10

2011/12/07　2012/01　02　03　04　05　06

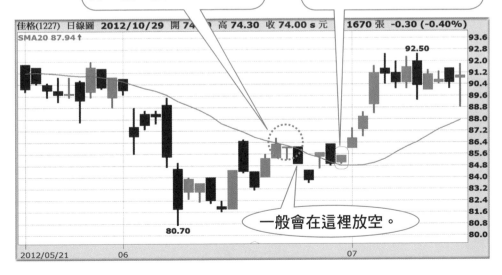

這裡符合「賣⑥」，但價格只小跌了一天，之後就跳上均線之上展開另一波上漲。

收盤價牢牢的跳上均線之上且收陽線，最慢在這裡應該要認賠出場。

佳格(1227) 日線圖 2012/10/29 開 74.?? 高 74.30 收 74.00 s 元 1670 張 -0.30 (-0.40%)
SMA20 87.94↑

92.50

80.70

一般會在這裡放空。

2012/05/21　06　07

葛蘭碧八法實戰秘訣④　均線有訊號太慢出現的缺點

　　應用均線買賣有反應太慢的缺點。以下圖為例，雖然用死亡交叉與黃金交叉對投資人而言非常簡單且明確，可是等到訊號出現，該漲、該跌都已經走一大段了，因此，投資人一定不能只看均線一種指標，K線的本身與其出現的位置所傳達的訊號很重要，股價圖的型態也很重要，此外，你所採用的是什麼參數的均線也是關鍵，若你是以日線為操作基礎，該用5日線？20日線？60日線？那一條比較好呢？

　　另外，若行情波動很大，自己又是操作短線，有沒有需要捨日線而改看60分鐘線呢？若用60分鐘線，又該看那一條均線呢？

　　總之，均線是一條用已知數據計算出來的技術指標，屬於「落後指標」，雖然它有其優點，但也不能完全依賴。

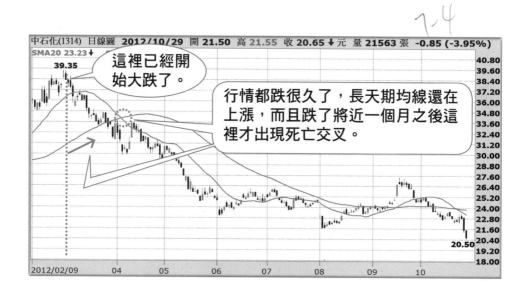

Point 08　移動平均線衍生運用：乖離率

　　看股價圖會發現K線和移動平均線時而重合時而乖離，利用乖離率可以顯示股價和移動平均線乖離的程度。比如，現在的股價是44元，20日平均價是40元，兩者的差是44元－40元＝4元。這個差值除以移動平均價40元得到0.1(10%)，乖離率就是10%。

　　從技術分析的角度看，移動平均線可以當成買進者的平均成本，所以，當股價比平均成本高出很多的時候，自然就會有很多人想獲利了結，使得股價向平均成本移動；另一方面，乖離率也可以當成投資人的平均報酬率。當收盤價大於移動平均價時的乖離稱為正乖離，其數值愈大，表示大部份投資人都處於獲利的情況，而且獲利愈大，愈想獲利了結的心態就愈濃，股價就愈有下跌的壓力；相對的，收盤價小於移動平均價時稱為負乖離，如果負值愈小，表示大部份投資人下跌的損失愈多，此時，加碼買進攤平的心態會更強烈，另外，看到股價便宜，新資金企圖趁機搶便宜的買家也會不少，股價有上升的可能。

　　實務操作時在上漲趨勢下，股價接近移動平均線處買進，乖離率達到某個百分比以上，當過度乖離後就賣掉。

　　相反的，在下跌趨勢下，乖離率到達某個百分比以下過度乖離後買進，股價和移動平均線重合後再賣出。乖離率的使用法大致如此，但應該取「幾個百分比」為買賣最佳的數值呢？則隨股票屬性不同而定，不能一概而言。可觀察個股過去乖離率的變動，找出規律性。

一般乖離率實務應用整理如下：

①乖離率過高宜賣出、過低宜買進。

②乖離率持續在0以上，代表行情處於漲勢，買進做多比較有利；乖離率持續在0以下，代表行情處於跌勢，應該保守應對，或者直接賣出持股。

③投機股或暴漲暴跌股不適用於乖離率，因人為因素易使股價超乎尋常的變動。

▷ 成長能力和人氣度不同，乖離率也不同

為什麼前面說乖離率無法有統一標準，應隨著企業不同而個別處理呢？

因為不同企業的成長能力和人氣度不一樣。處於上漲趨勢中、成長能力強、有人氣的企業會被投資人一直買進直到和移動平均線大幅度乖離。所以從乖離率的曲線看，乖離數值於0座標之上很高。

相反的，股價沒有想像空間的企業，成長能力呈現停滯，股價還沒等到和移動平均線大幅度乖離，就早早回到了移動平均線了。因此，不難發現股價趨勢向下的企業，愈冷門的股票，往0軸以下乖離的情況愈明顯。因著企業的特性不同、移動平均線的計算天數不同，平均乖離率的最佳數值也會隨著企業不同而不一樣。

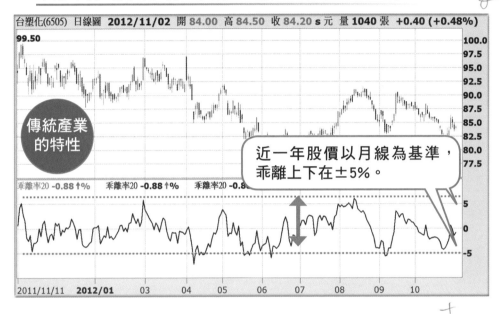

傳統產業
的特性

近一年股價以月線為基準，
乖離上下在±5%。

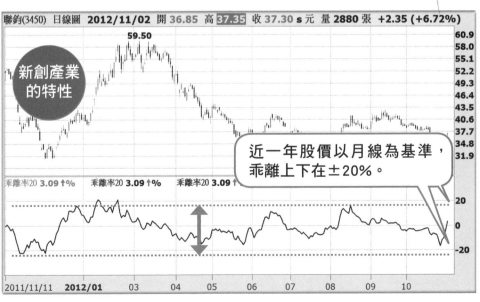

新創產業
的特性

近一年股價以月線為基準，
乖離上下在±20%。

MA通道教你判斷：行情太超過了嗎？

　　就像前面所分析的，移動平均線一方面代表著行情趨勢，另一方面也是一段時間內買進股票者的平均成本價。

▷ MA通道的計算公式

　　換句話說，如果現在的行情（K棒）高過於移動平均線就表示目前市價高於一般的平均成本，也就是說，投資人目前處於獲利狀態；相反的，如果現在的行情（K棒）低於移動平均線就表示目前市價是低於成本的，投資人大部份是處於賠錢狀態，根據這個概念可以得出一個公式如下──

$$\frac{\text{市價（K線）} - \text{成本（MA）}}{\text{成本（MA）}} = \text{獲利率}$$

P-1

　　將這個公式單純視為計算報酬率公式的想法是OK的，但若把上述公式中的成本去掉、市價的概念也去掉，同樣的一套公式就等同於前面所提的「乖離率」，也就是目前行情與平均價格乖離的指標，可以借此來檢視目前行情是超漲？還是超跌？

　　因此，這個公式也可以是──

$$\frac{\text{K線} - \text{MA}}{\text{MA}} = \text{乖離率}$$

P-2

舉個例子來說，2012年10月30日台積電的收盤價是88，20日移動平均價是87.52，就表示最近20天內買台積電的投資人平均賺了（88－87.52）／87.52＝0.55%（這同時也是乖離率）。

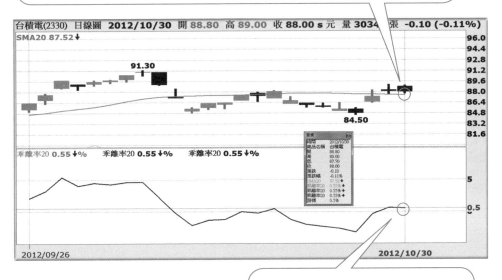

$$\frac{市價（K線；88）－平均20天的成本（20MA；87.52）}{平均20天的成本（20MA；87.52）}$$

$$＝獲利率＝0.55\%$$

$$\frac{K線；88－MA；87.52}{MA；87.52}$$

$$＝乖離率＝0.55\%$$

　　換個想法，如果我們把中軸選一個基準的移動平均，比方說我們

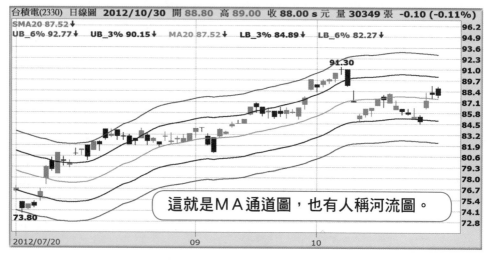

選20日移動平均線，再利用乖離率（其實也是報酬率）的計算方式設定參數並畫出落點，所畫出來的就是以移動平均線為中軸畫出一條一條的乖離線，一般稱為「移動平均線通道」（也稱「ＭＡ通道」或「ＭＡ軌道」）；由於圖的樣子很像河流，也有人稱它「河流圖」。

這就是ＭＡ通道圖，也有人稱河流圖。

▷　MA通道與乖離

說穿了，這並不是什麼新發明的技術線圖，ＭＡ軌道就是由很多條乖離線組合成的一個圖組，唯一不同的是，一般乖離線都會被安排在K線圖下方獨立的一項技術線圖，但在這裡卻把它像透明罩子一樣套在K線圖上面。

這有什麼好處呢？

當投資人所設的ＭＡ軌道大約都能囊包所有的K線圖時，ＭＡ軌道的用處不是很明顯，但還是可以大概捉出目前行情是處在中價位、高價位還是低價位，算是一種客觀的行情判斷法。而當K線已經無法被囊包在ＭＡ軌道內時，明顯的就能判斷目前行情是太高還是太低了。

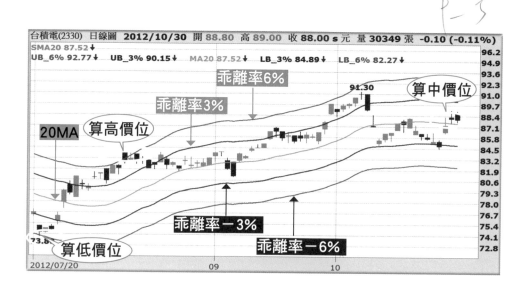

以上面台積電的範例圖，讀者只靠著MA通道圖就能看出那個地方算中價位?那個地方算低價位?那個地方算高價位?但事實上，它的好處不止如此，投資人可以自行設定參數，以發現不同個股值得進場的地方(行情目前過高或過低)。

這裡所採用的是XQ全家看盤軟體的參數設定方式，但一般看盤軟體也都可以進行參數的更改。

P-6

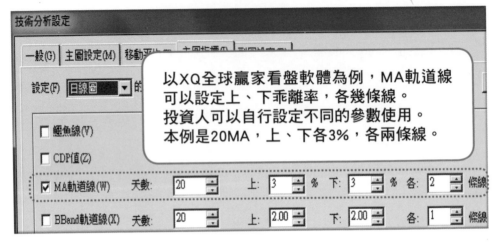

以XQ全球贏家看盤軟體為例，MA軌道線可以設定上、下乖離率，各幾條線。
投資人可以自行設定不同的參數使用。
本例是20MA，上、下各3%，各兩條線。

那麼，設定參數的依循標準是什麼呢?

參數的設定跟個人的操作風格有很大的關係，有人是先從週線圖上找出乖離過大的時機，再換成日線找進出機會，也有人是直接在日線上找交易機會，不一而足，但原則上，因為每一檔個股的波動情況不同，設定參數時，以儘量能把所有的K線包覆進去為主。

▷ MA通道的實戰範例

利用MA通道是不是直接對乖離過大(也就是股價跑出既有的軌道之外)的股價進行逆勢操作就可以呢?

在此要再次強調，做股票沒有那麼容易!以2012年10月30日兩檔台股為例，第一檔是這裡所舉的台積電，從MA軌道來判斷，當天收

盤的價位大致是算中等的價位，單純從這個角度來看，要買也不是，要賣也不是，若沒有什麼特別的利多或利空，就別操作它了。

範例第二檔是南亞。2012年10月30日的收盤價已經遠遠的跌出ＭＡ軌道的下方了，從這一檔個股過去的歷史來看，最近半年的行情很規律的只要上漲超過ＭＡ軌道的上方，說明價格過高，幾乎每一次都會被拉回來；相對的，只要跌過ＭＡ軌道之下，說明當時股價屬於低價圈，是買進的時機。

ＭＡ軌道當然也有不靈的時候，例如，下例的中石化在10月中旬也出現過跌出ＭＡ軌道的價格，但行情並沒有如預期的向上漲。所以，還是要配合其他的指標一起判斷才合宜。

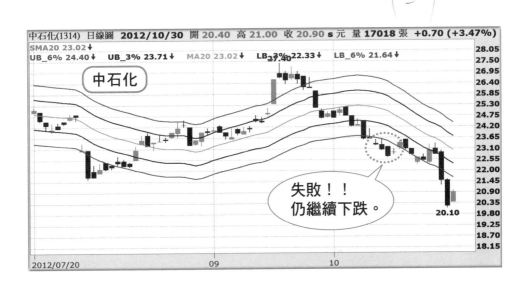

* MA通道範例

9.8

若要買股票的話,這個時候買南亞要比買台積電有勝算。
因為台積電股價算中價位,但南亞已經出現「超跌」的訊號。

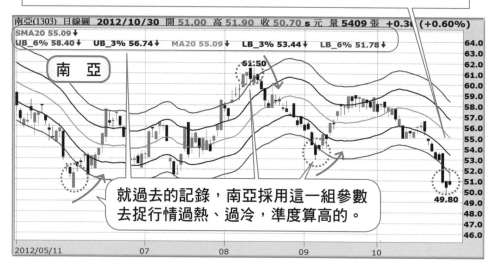

就過去的記錄,南亞採用這一組參數
去捉行情過熱、過冷,準度算高的。

輕鬆利用MA通道打擊假訊息

　　學習股票的各種知識，投資人一定聽過「在行情的高檔區域如果出現XX，你就XX；在行情的低檔區域如果出現XX，你就XX……」這句話原則很好理解，但其實是有語病的，因為它的前提是你得先懂得判斷行情目前是高檔、低檔，但這本身就是個很難的功課。

　　如果投資人能善用ＭＡ通道，雖然對於捉高、低檔還是有模糊的地方，但至少不像目測完全憑個人一廂情願的看法，更有意義的是，在K線圖上加了ＭＡ通道就如同中學時代幾何數學所畫的輔助線一樣，本來沒頭緒的題目加上一、兩條輔助線解題就容易多了。

　　一般對於「高檔、低檔」的判斷是用經驗法則，最簡單的就是行情如果已經漲很久了，就視為「高檔」；如果行情已經跌很久了，就視為「低檔」，但如果配合MA通道，就可以捉住一條適當的移動平均線（例如採用日線圖的20日移動平均線），再把它簡要分三個行情區塊做為判斷，這三個分類分別為：

　　(1)處於20日移動平均線上方、並嚴重偏離的區域是高價位圈；

　　(2)處於20日移動平均線周圍的區域是中價位圈；

　　(3)處於20日移動平均線下方、並嚴重偏離的區域是低價位圈。

▷　**K線形態與價位區是否互相確認**

　　K線是判斷行情的指標，移動平均線也是判斷行情的指標，若兩者

同時發出「買進」訊號，等於是彼此之間「互相確認」，那麼買進的正確機率就會提高，例如，在K線排列中一般被判斷為應該「買進」的圖形，如果它發生的位置在低價圈，對投資人而言就可視為積極買進的訊號；相對來說，如果一樣屬於買進的圖形發生的位置是在MA通道的中價位圈或高價位圈，就可以先行觀望，甚至可以因此判斷這種買進訊號可能是假資訊。

K線與移動平均線的判斷如果硬要「比大小」，均線所傳達的訊息還是比較有參考性的。道理很簡單，移動平均線有其「趨勢性」，但K線是單一的、即時性的行情，遇到人為作假或投資人集體過度恐慌或過度樂觀很容易就被表達在一根或幾根K線上，若投資人忽略「趨勢」而單就K線為買、賣訊號，被「騙」的機會就比較高。

再舉一個K線型最常被「騙」的線形——長上影線與長下影線。

當長上影線出現時，一般表示上漲趨勢不敵拋售壓力，價格最終下跌，可視為下跌訊號。而當下影線出現時，表示有一股力量在低價處大量買進並促使股價迅速上漲，出現這樣的圖形可視為上漲訊號。

當與這些常識相悖的現象出現時，就是虛假資訊。比如說，上影線出現了，股價仍在上漲；而下影線出現了，股價仍在繼續下跌。這些都可以歸類為「欺騙訊息」。那麼，要如何避免被這種欺騙訊息「騙」到呢？讀者只要再分辨圖形的發生位置是在低價位圈？中價位圈？高價位圈？兩者之間是否「互相確認」就能減少判斷錯誤機率。

* <u>單一K線與K線組合一般的判讀範例</u>

單一根K線時……

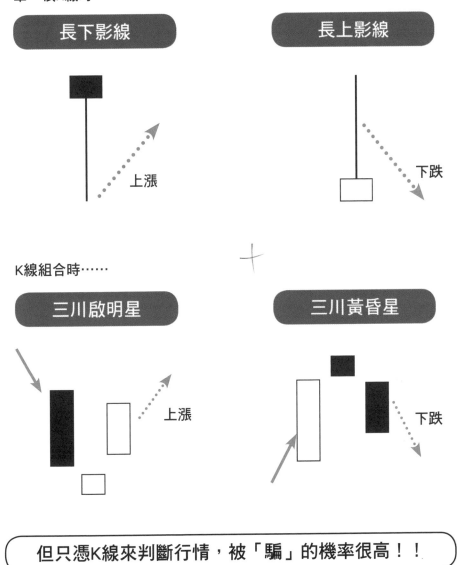

但只憑K線來判斷行情，被「騙」的機率很高！！

＊　Ｋ線與ＭＡ軌道互相確認的範例

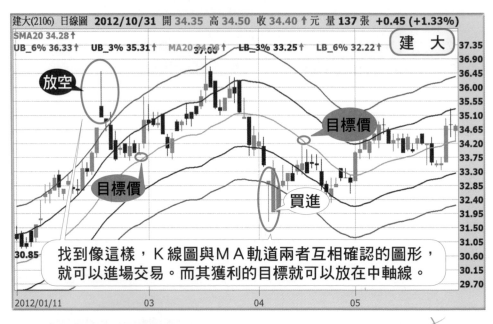

建大(2106)　日線圖　**2012/10/31**　開 34.35　高 34.50　收 34.40 ↑元　量 **137** 張　**+0.45 (+1.33%)**

SMA20 34.28 ↑
UB_6% 36.33 ↑　　UB_3% 35.31 ↑　　MA20 34.26 ↑　　LB_3% 33.25 ↑　　LB_6% 32.22 ↑

建　大

放空

目標價

目標價

買進

找到像這樣，Ｋ線圖與ＭＡ軌道兩者互相確認的圖形，就可以進場交易。而其獲利的目標就可以放在中軸線。

2012/01/11　　　　03　　　　04　　　　05

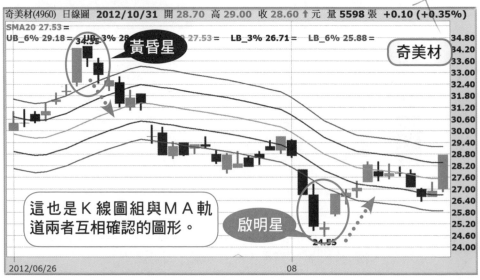

奇美材(4960)　日線圖　**2012/10/31**　開 28.70　高 29.00　收 28.60 ↑元　量 **5598** 張　**+0.10 (+0.35%)**

SMA20 27.53 =
UB_6% 29.18 =　　UB_3% 28.36 =　　MA20 27.53 =　　LB_3% 26.71 =　　LB_6% 25.88 =

奇美材

黃昏星

這也是Ｋ線圖組與ＭＡ軌道兩者互相確認的圖形。

啟明星

24.55

2012/06/26　　　　　　　08

投資經典系列

巴菲特股票投資策略

定價：380元

作者：劉建位 經濟學博士

儘管巴菲特經常談論投資理念，卻從不透露操作細節，本書總結巴菲特40年經驗，透過歸納分析與實際應用印證，帶領讀者進入股神最神秘、邏輯最一貫的技術操作核心。

作手

定價：420元

作者：壽江

中國最具思潮震撼力的金融操盤家「踏進投機之門十餘載的心歷路程，實戰期貨市場全記錄，描繪出投機者臨場時的心性修養、取捨拿捏的空靈境界。」

幽靈的禮物

定價：420元

作者：亞瑟‧辛普森

美國期貨大師「交易圈中的幽靈」、「交易是失敗者的遊戲，最好的輸家會成為最終的贏家。接受這份禮物，你的投資事業將重新開始，並走向令你無法想像的坦途。」

財務是個真實的謊言

定價：299元

作者：鐘文慶

為什麼財報總被人認為是假的，利潤真的存在嗎？財務數字的真真假假看似自相矛盾的很多關係，都有合理的解釋嗎？當您知道這些謊言是怎麼形成時，謊言不再是謊言...

【訂購資訊】 http://www.book2000.com.tw

郵局劃撥：帳號/19329140 戶名/恆兆文化有限公司
ATM匯款：銀行/合作金庫(代碼006)/三興分行/1405-717-327091
貨到付款：請來電洽詢 TEL 02-27369882 FAX 02-27338407

電話郵購任選二本，即享85折 買越多本折扣越多，歡迎洽詢

02 章

STOCK

MACD

Point **01** **MACD的繪製方法**

　　把價格用「移動平均」概念製作成圖形，並借此判斷行情的另一項熱門技術指標是MACD（Moving Average Convergence Divergence）。

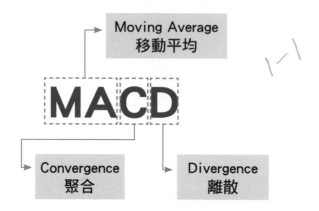

　　從MACD的縮寫翻譯成中文字面上的意思就是「聚合和離散的移動平均線」，由於它採用的計算資料是EMA（平滑移動平均線），所以又有人把它翻譯成「指數平滑異同移動平均線」，顧名思義，MACD這個指標就是利用「平滑移動平均」其「聚合」與「離散」的關係以描述行情。

　　MACD指標發明人是 Gerald Appel，他利用一條短期平滑移動平均線和一條長期平滑移動平均線計算兩者間的差額，再加以平滑運算。如此雙重平滑計算的好處是去除了移動平均線頻繁發出訊號的缺點，但它又保留了移動平均線的效果。一般說來，MACD具有趨勢性、穩重性與安全性的優點，但它屬於趨勢性指標，較不能反應即時行情，因為它繪製的素材還是來自新加入的行情，所以跟均線一樣都屬於「落

後指標」，MACD最常用於確認波段趨勢而非波段預測，盤整局面時採用效果也較差，但整體來說，善用MACD對掌握趨勢仍相當有助益。

▷　MACD的計算

　　MACD指標主要是透過EMA、DIF（也稱快速線或訊號線）和DEA（也叫MACD、DEM）這三個數值的變化與關係。其中DIF是整個MACD指標的核心數值，以下將採實例計算。MACD計算過程有點繁雜，但讀者最好還是拿著計算機跟著「跑」一遍，目的不是要背下來，而是在下一節應用面的解說時可以更快理解。

　　本文以「DIF12－24；MACD9」為例，也就是以DIF短天數12、DIF長天數24、MACD天數9這一套組合。計算步驟如下：

MACD的計算步驟 ① 先計算EMA *(Exponential Moving Average)*

　　EMA（平滑移動平均線）和平常所使用的SMA（簡單移動平均線）不同的地方在於，EMA是加權移動平均，不但給近期的價格賦予較大的權重，同時又考慮了股票上市以來的所有的交易價格。以12日EMA為例EMA（12）就是把第11天的EMA乘以11再加上當天（也就是第12天）行情的2倍，再除以13。也就是加權最後一天2倍收盤價的平

均價，所以：

$$EMA_{(12)} = \frac{EMA_{(昨天)} \times 11 + 收盤價_{(今日)} \times 2}{13}$$

相同的算法，第24天的EMA數值就是：

$$EMA_{(24)} = \frac{EMA_{(昨天)} \times 23 + 收盤價_{(今日)} \times 2}{25}$$

計算2012年10月26日台積電的EMA（12）為例，套用公式就是：

（86.44×11）＋（87.3×2）/13

＝86.57

EMA（24）套用公式就是

（86.50×23）＋（87.3×2）/25

＝86.57。

MACD的計算步驟 ② 計 算 快 速 線 *(也就是DIF)*

計算短天期減去長天期EMA的數值，得到的就是DIF。換句話說，
DIF就是EMA12（快速線）和EMA24（慢速線）的差。

本例為86.57－86.57＝0。

DIF是經過計算後的第一個數值，也是MACD指標的快速線。

MACD的計算步驟 ③　　將DIF平滑後找出慢速線 *(也就是MACD)*

根據前一步驟算出的DIF當成快速線，再將其平滑一次，計算出一條慢速線MACD。由於採用MACD為9天的組合，所以第一個MACD計算如下：

$$第一個\ MACD = \frac{DIF_{(1)} + DIF_{(2)} + \cdots\cdots DIF_{(8)} + DIF_{(9)}}{9}$$

其他的MACD計算就跟計算其他EMA的公式一樣，其他MACD＝

$$\frac{MACD_{(昨天)} \times 8 + DIF_{(今天)} \times 2}{10}$$

以台積電為例MACD＝0.30

$$\frac{(0.37 \times 8) + (6 \times 2)}{10}$$

MACD的計算步驟 ④　　畫出差離柱 *(也就DIF－MACD)*

大部份的看盤軟體都會在上面附有柱狀圖，它的計算式就是當天經過平滑後的快速DIF值減慢速MACD的差，以本例為：

$$0（DIF）－0.30（MACD）＝-0.30$$

* MACD計算的範例(台積電)(因為小數點進位，數據會有些微的差距)

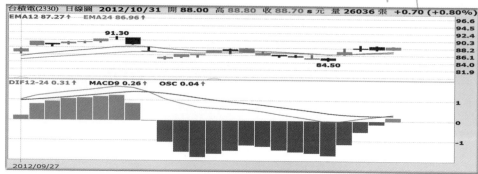

MACD計算式

$$EMA24 = \frac{(86.50 \times 23) + (87.3 \times 2)}{25} = 86.57$$

日期	收盤價	EMA12	EMA24	DIF	MACD（9）	差離值
10.25	84.8	86.44	86.50	-0.06	0.37	-0.44
10.26	87.3	86.57	86.57	0.00	0.30	-0.30
10.29	88.1	86.84	86.70	0.12	0.26	-0.14
10.30	88.0	86.05	86.82	0.21	0.25	-0.04
10.31	88.7	87.27	86.96	0.31	0.26	0.04

$$EMA12 = \frac{(86.44 \times 11) + (87.3 \times 2)}{13} = 86.57$$

$$DIF = 86.57 - 86.57 = 0$$

$$MACD（9）= \frac{(0.37 \times 8) + (0 \times 2)}{10} = 0.30$$

$$差離值 = 0.00 - 0.30 = -0.30$$

趨勢偏多？偏空？訊號線報你知

MACD的應用有兩大功能，第一是「發現」交易機會；第二是「保護」到手的收益。

若一定要比較的話後者（保護功能）會比前者（發現功能）更常被用到。想要把MACD用得好，就得先有個了解，這項指標無法因著出現某個訊號而立刻讓投資人反應買進或賣出，因為MACD是一項中長期的分析工具，當行情波動不明顯時，其訊號也不明顯；而當行情上下波動很厲害時MACD的移動也很慢！

若你看過很多書都還搞不懂MACD怎麼用，一點也不奇怪，因為它是一個看趨勢用的慢吞吞的傢伙，此外，它的基本構成又比別的技術指標複雜，歸納起來，應用它之前得先了解以下五個要點－－

① 快速線（短期均線）：DIF

② 慢速線（長期均線）：MACD

③ 0軸（多、空分界）

④ 紅色差離柱（在0軸之上，代表多頭）

⑤ 綠色差離柱（在0軸之下，代表空頭）

MACD最基本的用法可以看指標在0軸之上或之下，在之上表示多頭；之下為空頭。

註：紅（綠）差離柱的部份，因為本書股價圖為黑白所以看不出顏色，但這也無所謂，差離柱只要在0軸之上就是紅色差離柱，之下就是綠色差離柱。

* **MACD的基本看圖法：觀察訊號線在0軸之下或之下**

DIF和MACD兩條線在0軸之上，投資人持股以「多頭思維」為主，但並不是兩條線黃金交叉是買進訊號！

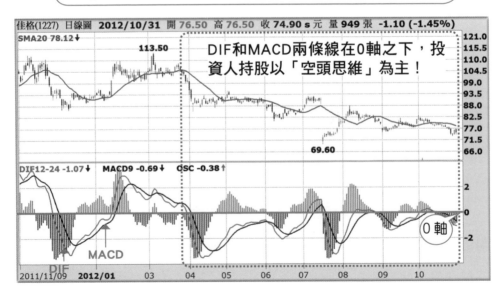

DIF和MACD兩條線在0軸之下，投資人持股以「空頭思維」為主！

0軸告訴你，波段行情啟動了嗎？

　　MACD運用時要留意，包括快速線DIF與慢速線MACD這兩條線的黃金交叉、死亡交叉及差離柱出現的位置是在0軸之上或之下，兩者判斷方式也不一樣。

▷ 在強勢區(0軸以上)與弱勢區(0軸以下)黃金交叉

・技術線在0軸以下的弱勢區黃金交叉——

　　前一節提過DIF與MACD兩條線在0軸以下運行，意味著行情偏弱，建議投資人站在空方的角度看待行情，若指標在0軸以下運行很長時間後，DIF與MACD先橫行再黃金交叉。表示行情在低價區出現一波比較大的跌勢後可能反彈，是短線買進訊號。

　　這種黃金交叉，預示反彈行情可能出現，但不表示下跌已經結束。也就是說股價可能只是暫時反彈，行情可能很快就結束又會再一次下跌，如果一定在這裡買進的話，只能「搶短」並要有停損計畫。

・技術線在0軸以上的強勢區黃金交叉——

　　DIF與MACD兩條線在0軸以上運行，意味著行情偏強，建議投資人站在多方的角度看待行情，若指標在0軸以上運行很長時間後，DIF與MACD先橫行再黃金交叉，表示股價在高價圈整理後，看起來行情好像又有一波漲勢再起。此時對於積極性較高的投資人也算是買進的訊號，但只適合短線買進，若你的膽子沒有那麼大，就應更保守以對。

* <u>MACD在強勢區(0軸以上)黃金交叉範例</u>

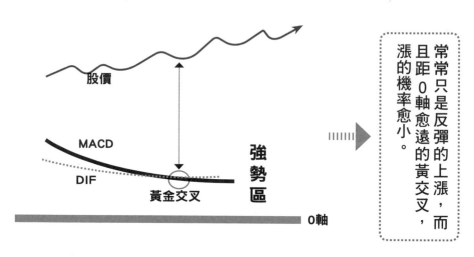

常常只是反彈的上漲，而且距0軸愈遠的黃交叉，漲的機率愈小。

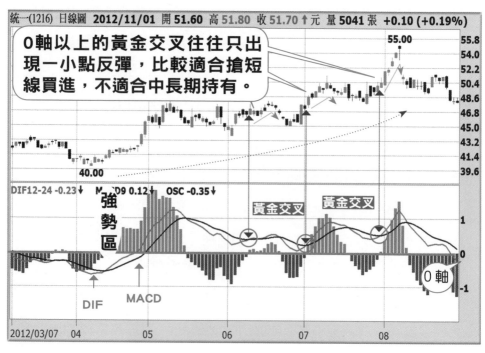

股市贏家精通的技術線學習提案

* MACD在弱勢區(0軸以下)黃金交叉範例

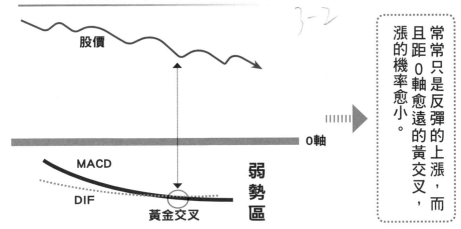

股價

0軸

MACD

DIF

黃金交叉

弱
勢
區

常常只是反彈的上漲，而且距0軸愈遠的黃交叉，漲的機率愈小。

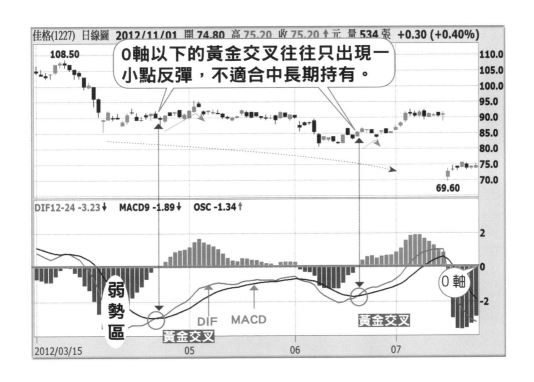

佳格(1227) 日線圖 **2012/11/01** 開 **74.80** 高 **75.20** 收 **75.20** ↑元 量 **534** 張 **+0.30 (+0.40%)**

0軸以下的黃金交叉往往只出現一小點反彈，不適合中長期持有。

108.50

110.0
105.0
100.0
95.0
90.0
85.0
80.0
75.0
70.0

69.60

DIF12-24 -3.23↓ MACD9 -1.89↓ OSC -1.34↑

2

0

-2

弱
勢
區

黃金交叉

DIF MACD

黃金交叉

0軸

2012/03/15

05

06

07

▷ MACD在中價區(0軸)附近黃金交叉

0軸附近的DIF與MACD黃金交叉，表示股價是在經過了一番整理後，在此即將出現一輪比較大的漲勢，屬於中長期買進的訊號。

0軸附近的黃金交叉，又分屬兩種情況－－

- 第一種情況

行情在高檔區經過一段時間的橫向整理，當股價開始小輻上升接著股價放量向上突破，MACD同時出現黃金交叉，這是中長期買進的訊號！

- 第二種情況

行情在低檔區經過一段時間的橫向整理，並經過上漲途中一段長時間的中價位整理，這個時候MACD若出現在0軸附近黃金交叉，也是中長線買進的訊號。

MACD從原本的弱勢區爬升，至0軸附近黃金交叉範例

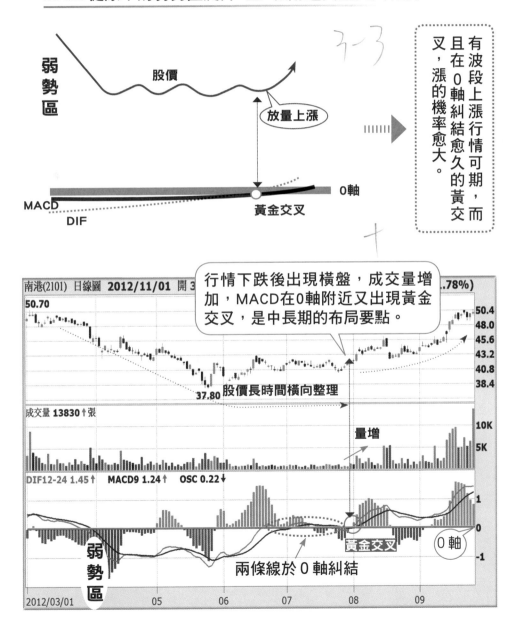

行情下跌後出現橫盤，成交量增加，MACD在0軸附近又出現黃金交叉，是中長期的布局要點。

有波段上漲行情可期，而且在０軸糾結愈久的黃交叉，漲的機率愈大。

* <u>MACD從原本的強勢區下跌，至0軸附近黃金交叉範例</u>

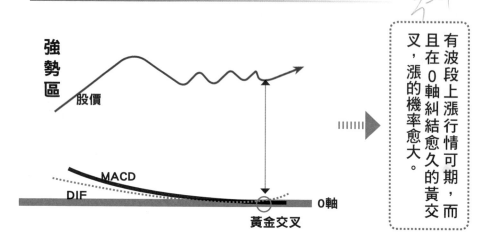

強勢區

股價

MACD

DIF

0軸

黃金交叉

有波段上漲行情可期，而且在0軸糾結愈久的黃交叉，漲的機率愈大。

行情下跌後出現橫盤，成交量增加，MACD在0軸附近又出現黃金交叉，是中長期的布局要點。

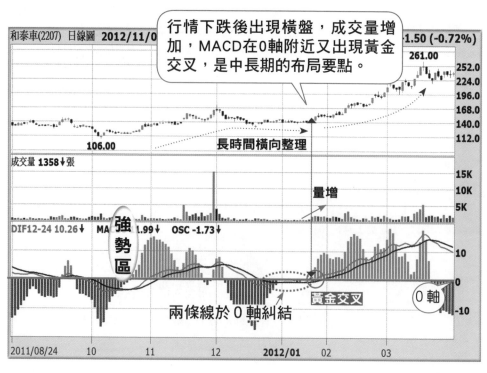

和泰車(2207) 日線圖 2012/11/0   1.50 (-0.72%)

261.00

106.00

長時間橫向整理

成交量 1358↓張

量增

DIF12-24 10.26↓ MA   1.99↓ OSC -1.73↓

強勢區

兩條線於 0 軸糾結

黃金交叉

0 軸

2011/08/24   10   11   12   2012/01   02   03

多頭／空頭還續強嗎？差離柱報你知

把DIF減去MACD若為正數就在0軸上方畫紅柱（本書的示意圖畫為藍色）；若為負數則在0軸下方畫綠柱（本書的示意圖畫為黑色），差離柱的增減也是MACD指標使用重要的一環。

差離柱如何判斷行情呢？

原則上當上面的紅柱縮減時，表示上漲動能減弱；當下面的綠柱縮減時，表示下跌的動能減弱。上面紅色柱的放出來時，表示市場的多頭力量強於空頭力量；當下面的綠柱放出來時，表示表示市場的空頭力量強於多頭力量。

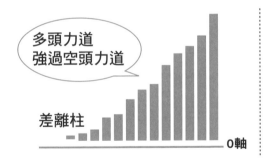

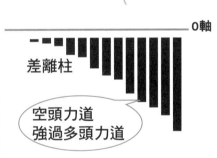

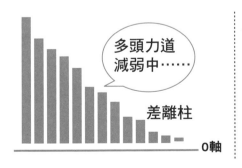

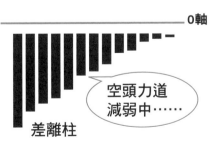

前一節講到MACD在0軸之上屬於強勢區，在0軸之下屬於弱勢區。這裡提到差離柱的多頭與空頭，把這兩項條件互相搭配起來，明顯的交易訊號一共有以下四種情況：

- **情況1**：MACD訊號線在0軸以上，看見紅柱屬於「續漲」訊號。

紅柱出現時且DIF和MACD都在0軸以上，說明股市處於多頭行情，股價將「繼續上漲」－－

當MACD指標在0軸上方經過短暫的回檔整理後，紅柱再次放出時，投資人可繼續做多買進。

那麼，如果訊號線都在0軸之上，但紅柱已經放出很多而且很長了，可以買進嗎？

所謂的「過猶不及」，在那種情況之下要小心行情是否過熱。

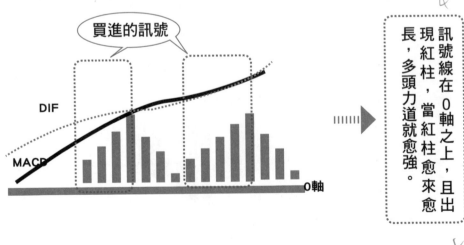

買進的訊號

DIF

MACD

0軸

訊號線在0軸之上，且出現紅柱，當紅柱愈來愈長，多頭力道就愈強。

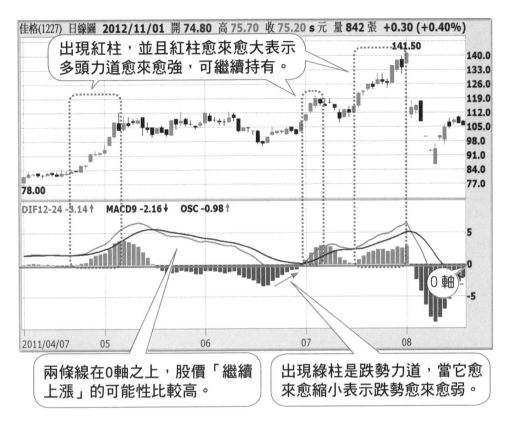

・ 情況2 ：MACD訊號線在0軸以下，綠柱縮短屬於「反彈上漲」訊

號。

　　當DIF和MACD都在0軸以下時，說明股市處於空頭行情，股價將

「繼續下跌」。當MACD指標中的綠柱經過一段時間的低檔運行，然後

慢慢縮小，如果紅柱出現，表示股價可能出現反彈，但中長期下跌趨

勢並沒有被改變。此時，積極型的投資人可以在設好停損點的情況下

短線少量的買進，穩健型的就別買進。

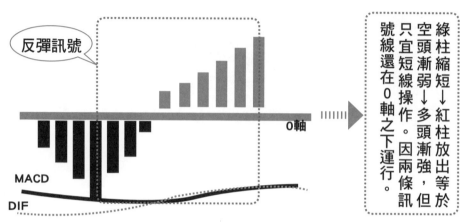

反彈訊號

0軸

MACD

DIF

綠柱縮短→紅柱放出等於空頭漸弱→多頭漸強，但只宜短線操作。因兩條訊號線還在0軸之下運行。

上銀(2049) 日線圖 2012/11/01 開 175.00 高 175.00 收 175.00 s元 量 4658 張 -13.00 (-6.91%)

400.00

只是反彈

188.50

只是反彈

DIF12-24 4.22↓ MACD9 4.99↓ OSC -0.78↓

0軸

2011/07/20   09   10   11

在空頭區綠柱收斂，紅柱放出，雖然無法改變中長期的下跌趨勢，但可以短線操作，不過對保守型的投資人還是不要輕易買進。

- **情況 3**：MACD的訊號線在0軸以下黃金交叉後向上走，靠近0軸時，又放出紅柱，屬於「中期上漲波段」訊號。

當DIF和MACD都在0軸以下，並經歷至少一次黃金交叉，當運行方向已經愈來愈靠近0軸，這個時候如果紅柱放出來（特別是第二次放出來），表示行情在經過長時間的整理後下跌已經結束了，股價在大量買盤的推動下，將展開新一輪的上漲行情。

這也是投資中長線買入的好時機。這個時候對有長期投資計畫的投資人可以買進等待上漲。

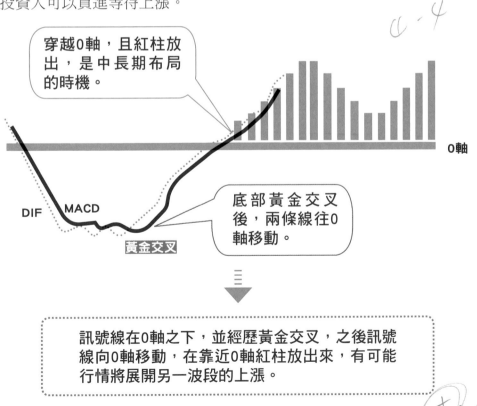

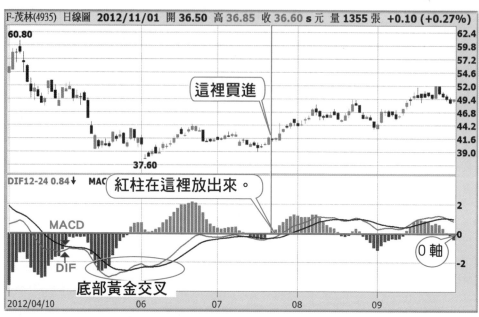

F-茂林(4935) 日線圖 **2012/11/01** 開 **36.50** 高 **36.85** 收 **36.60** s 元 量 **1355** 張 **+0.10 (+0.27%)**

這裡買進

紅柱在這裡放出來。

DIF12-24 0.84↓ MAC

MACD

DIF

底部黃金交叉

0 軸

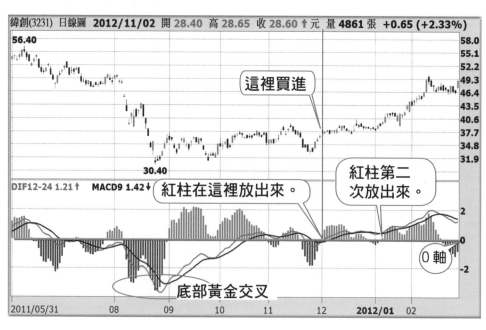

緯創(3231) 日線圖 **2012/11/02** 開 **28.40** 高 **28.65** 收 **28.60**↑元 量 **4861** 張 **+0.65 (+2.33%)**

這裡買進

紅柱在這裡放出來。

紅柱第二次放出來。

DIF12-24 1.21↑ MACD9 1.42↑

底部黃金交叉

0 軸

- 情況4 ：MACD的訊號線在0軸附近水平糾結，綠柱底部抬高，屬
  於「有機會出現波段上漲行情，宜分批買進。

  當DIF和MACD都在0軸附近運行很長一段時間，綠色柱也出現一底
比一底高的形態，表示股價長期下跌已經結束。

  行情若在成交量的配合下開始新一輪新的中長期上升趨勢，可以
在這裡開始分批買入。

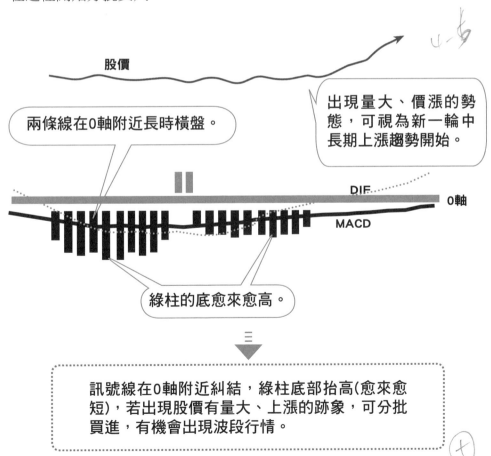

股價

兩條線在0軸附近長時橫盤。

出現量大、價漲的勢
態，可視為新一輪中
長期上漲趨勢開始。

DIF

0軸

MACD

綠柱的底愈來愈高。

訊號線在0軸附近糾結，綠柱底部抬高(愈來愈
短)，若出現股價有量大、上漲的跡象，可分批
買進，有機會出現波段行情。

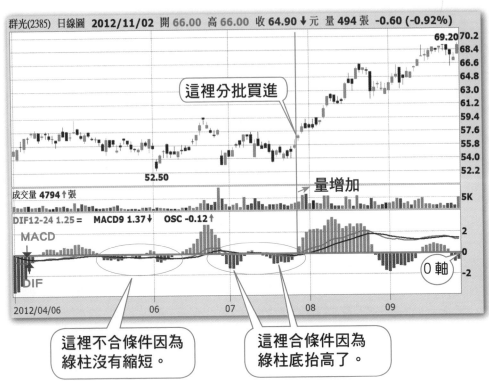

群光(2385) 日線圖 **2012/11/02** 開 66.00 高 66.00 收 64.90 ↓元 量 494 張 -0.60 (-0.92%)

這裡分批買進

量增加

DIF12-24 1.25 = MACD9 1.37↓ OSC -0.12↑

MACD

DIF

0 軸

這裡不合條件因為
綠柱沒有縮短。

這裡合條件因為
綠柱底抬高了。

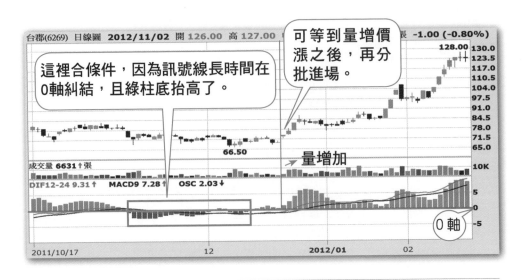

台郡(6269) 日線圖 **2012/11/02** 開 126.00 高 127.00 -1.00 (-0.80%)

可等到量增價
漲之後,再分
批進場。

這裡合條件,因為訊號線長時間在
0軸糾結,且綠柱底抬高了。

量增加

成交量 6631↑張

DIF12-24 9.31↑ MACD9 7.28↑ OSC 2.03↓

0 軸

四個MACD的應用技巧

前文說明了MACD指標的看圖法，本文將介紹四種應用技巧，在逐項說明前，先整理出MACD指標的使用原則：

第一，當DIF與MACD在0軸之上，說明大趨勢處於多頭市場，當DIF與MACD黃金交叉的位置與0軸的距離愈近，拉升行情的力道與未來的漲幅會愈大；相對的，發生黃金交叉的地方離0軸愈遠力道就愈弱。在0軸之上較遠的地方發生黃金交叉意味著主力已經拉升過一段行情，在這裡企圖再次拉升，但這種情況很可能發生「假訊號」或僅剩一波反彈行情，要再奢望行情繼續往上升機率就不一定很高了。

第二，為避免被假訊號騙，辦法是先用長的時間圖形保護自己的交易，例如，先看週K線圖，找到適合的標的，再看日線圖；相同的，若你操作的時間很短，平常是看分線圖，那麼就先從日線圖上找交易標的。因此，建議可以從週線圖中找出靠近0軸黃金交叉作為基本選股。若能挑到日線的MACD也剛好升到0軸之上或剛好在0軸附近黃金交叉就更好。

第三，最好選擇股價剛站上季線（60日均線）的為佳，若價格已經站上季線很久，有可能現在買進已經太貴了。

第四，選擇從日成交量來看有放大趨勢的個股。

股票操作的原則是出現很明確、很有把握的訊號時進場，對於自己沒有把握或經驗上準確度不高的訊號寧可放棄也不要冒險，最後結果即使後面還有一大段行情也不要抱著可惜的情緒。

* <u>MACD週線的訊號比日線準，以0軸附近黃金交叉範例</u> ⑤-1

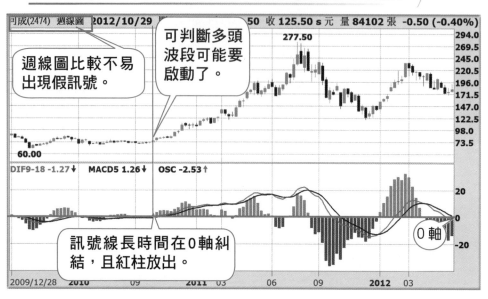

可成(2474) 週線圖 2012/10/29 ... 50 收 125.50 s 元 量 84102 張 -0.50 (-0.40%)

週線圖比較不易出現假訊號。

可判斷多頭波段可能要啟動了。

277.50

60.00

DIF9-18 -1.27↓   MACD5 1.26↑   OSC -2.53↑

訊號線長時間在0軸糾結，且紅柱放出。

0軸

2009/12/28 2010   09   2011 03   06   09   2012   03

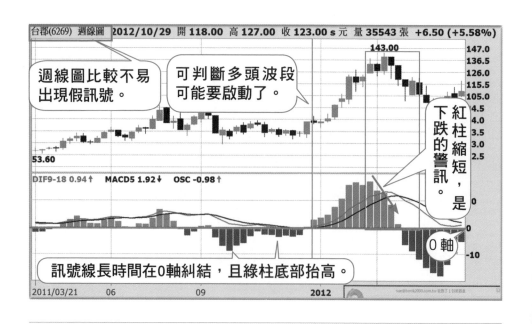

台郡(6269) 週線圖 2012/10/29 開 118.00 高 127.00 收 123.00 s 元 量 35543 張 +6.50 (+5.58%)

週線圖比較不易出現假訊號。

可判斷多頭波段可能要啟動了。

143.00

紅柱縮短，是下跌的警訊。

53.60

DIF9-18 0.94↑   MACD5 1.92↓   OSC -0.98↑

訊號線長時間在0軸糾結，且綠柱底部抬高。

0軸

2011/03/21   06   09   2012

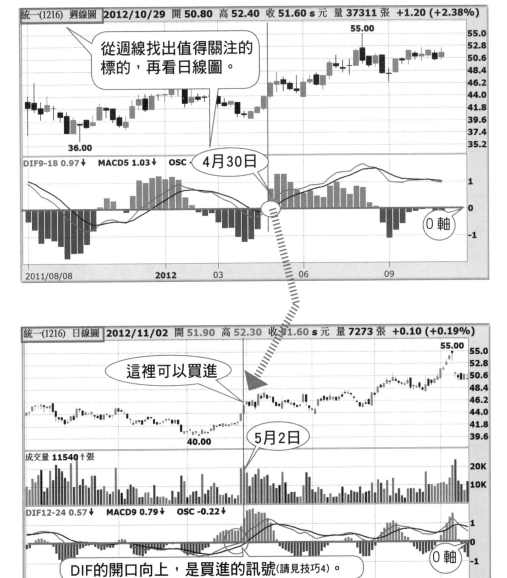

從週線找出值得關注的標的，再看日線圖。

4月30日

0軸

這裡可以買進

5月2日

DIF的開口向上，是買進的訊號(請見技巧4)。

0軸

技巧 ② 配 合 均 線 與 成 交 量

① 差離柱漸漸的多頭佔上風。

② 訊號線在0軸附近糾結,並出現黃金交叉。

③ 成交量多起來了。

④ 價格還沒有太高,以60日均線為例,價格還在均線附近。

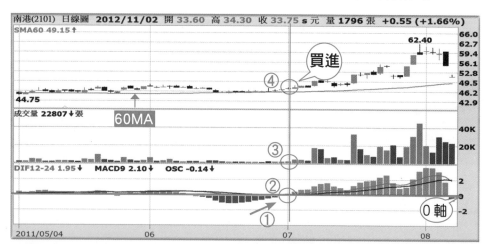

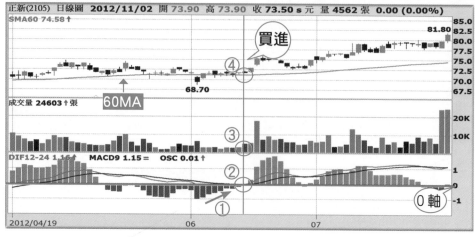

技巧 ② 短期內（以日線為例約2週）低檔訊號線兩次黃金交叉，之後出現紅柱，買進；等紅柱縮短後，賣出

當訊號線在0軸之下，說明大趨勢處於空頭，若DIF與MACD黃金交叉，可以當成大趨勢即將步入多頭市場，而如果能等到短期內（約兩週）發生兩次低檔黃金交叉，由空頭轉多頭的訊號就更為明確。

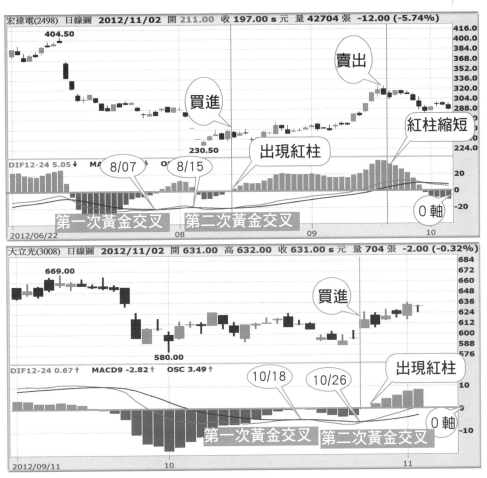

技巧 ④ DIF與MACD貼粘平行超過三根K線，之後DIF開口向上。

當DIF與MACD「連續3週（日）以上兩條線貼粘平行」之後，若發現DIF開口向上，紅柱線又重新變長且成交量放大、K線是紅棒，也是買進的訊號。

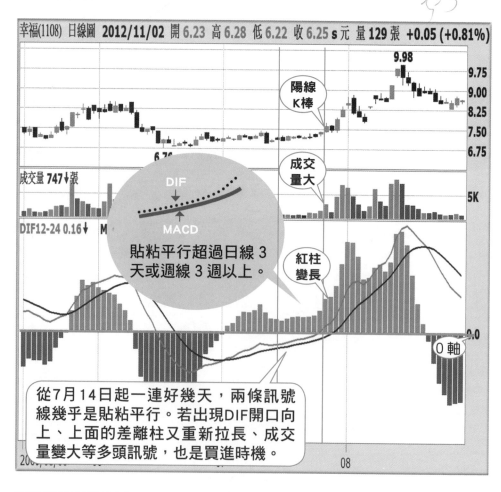

幸福(1108) 日線圖 **2012/11/02** 開 **6.23** 高 **6.28** 低 **6.22** 收 **6.25** s 元 量 **129** 張 **+0.05 (+0.81%)**

陽線
K棒

成交
量大

DIF

MACD

貼粘平行超過日線 3 天或週線 3 週以上。

紅柱
變長

0 軸

從7月14日起一連好幾天，兩條訊號線幾乎是貼粘平行。若出現DIF開口向上、上面的差離柱又重新拉長、成交量變大等多頭訊號，也是買進時機。

03 章

STOCK

KD

01 ## KD的繪製方法

　　KD是市場常用的一套技術分析工具，中文一般翻譯為「隨機指標」。它的設計概念是，當股價處於多頭時，收盤價有往當期最高價接近的傾向，這時候RSV值(未成熟隨機值，詳見下文的解釋)也將不斷上升；而在下跌過程中，收盤價則有收在接近最低價的傾向，這時RSV也會傾向下降。

　　就人類的慣性來說，投資人總有「追高殺低」的傾向，於是，股價總會出現超漲超跌，這個現象便可透過RSV指標超過某一區間而表現出來。KD指標便是設計成當指標不斷往上至高檔時，表示投資人正處於追高的情形，超過合理價位的買進行為將使股價超漲，這便形成指標超買的訊號；相反的，KD指標不斷往下至低檔時，表示投資人正處於過度拋售的情形，超過合理價位的賣出行為將使股價超跌，這便出現指標超賣的訊號。

　　不過，RSV指標的波動程度遠大於價格的波動，因此會造成許多假突破現象。為了解決這個問題，KD指標的設計者，把RSV平滑化，畫成移動平均線%K，此外，把%K再平滑一次，畫成移動平均線%D，如此可減少雜訊。

　　KD指標的計算方式，其實也滿簡單的，就是先計算RSV，把RSV做成加權平均數，就是%K，再把%K做成加權平均數，就是%D。

　　由公式可知，RSV是一個介於0和100的數值，因此K、D值亦會落在0～100之間。

KD指標是歐美期貨投資市場常用的技術分析工具，由於期貨需要敏感、短期的技術分析工具，KD則具備了動量觀念、強弱指標與移動平均線的優點，所以，是期貨與股票短期交易者常用的分析工具。

▷ KD的計算

KD是由它是由%K(快速平均值)、%D(慢速平均值)兩條線所組成，假設從n天週期計算出KD時，首先找出最近n天當中曾經出現過的最高價、最低價與第n天的收盤價，然後利用這三個數字來計算第n天的未成熟隨機值(RSV)。

以9日為週期的KD值計算為例，第一步，找出最近9天內的最高價、最低價與第9天的收盤價這三個數值，以計算出未成熟隨機值(RSV)；接著，第二步，再根據平滑移動平均線的概念分別計算K值與D值——

KD的計算步驟(1) 先計算RSV(未成熟隨機值)

$$RSV = \frac{C - L9}{H9 - L9}$$

C＝當日收盤價
L9＝9日內最低價
H9＝9日內最高價

KD的計算步驟 ② 再算K值與D值

$$K值 = \frac{2}{3}(前一日K值) + \frac{1}{3}(RSV)$$

$$D值 = \frac{2}{3}(前一日D值) + \frac{1}{3}K(今日)$$

在計算ＫＤ值時，若沒有前一天的ＫＤ值，可以用50為替代，當數字經過長期的加權平均計算之後，將不會有什麼誤差。

而RSV、K值、D值，都將採百分比表示。

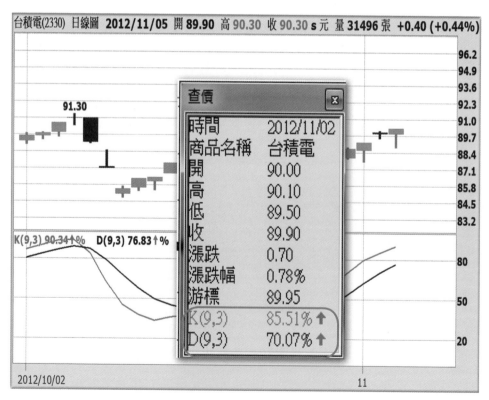

・KD計算式(以2012年台積電的價格為例)

1-4

日期	收盤價	最高價	最低價	9天來最高價	9天來最低價	RSV	K值	D值
10.19	86.7	87.3	86.2					
10.22	86.0	86.3	85.6					
10.23	85.7	86.3	85.6					
10.24	85.4	86.4	85.1					
10.25	84.8	85.6	84.5					
10.26	87.3	88.3	87.3					
10.29	88.1	89.1	87.6					
10.30	88.0	89.0	87.7				59.45	45.23
10.31	88.7	88.8	87.9	89.1	84.5	91.3	70.07	53.51
11.01	89.2	89.2	87.7	89.2	84.5	100	80.05	62.36
11.02	89.9	90.1	89.5	90.1	84.5	96.4	85.51	70.07
11.05	90.3	90.3	88.0	90.3	84.5	100	90.34	76.83

$$\frac{89.9-84.5}{90.1-84.5}=0.964=96.4\%$$

$$\frac{(80.05\times2)+96.4}{3}=85.5$$

$$\frac{(62.36\times2)+85.51}{3}=70.07$$

Point 02 **行情要反轉了嗎?KD指標報你知**

　　經前一節的認識可知，K值的變動速度快、D值的變動速度慢，當股價處於漲勢時，K值會大於D值，處於跌勢時K值會小於D值。KD指標是根據股價近期漲跌的變動程度計算出來的，可以讓投資人早一步知道買點與賣點。其基本用法如下:

　　①當K值大於D值，顯示目前是上升趨勢，因此若K值向上突破D值，可視為買進訊號;②當K值小於D值，顯示目前是下降趨勢，因此若K線值向下穿破D值，可視為賣出訊號;③KD值在80以上向下交叉為較明確的賣點;④KD值在20以下向上交叉為較準確的買點;⑤當價格創新高，但KD值卻沒有創高(股價與指標背離)，預示盤勢有反轉向下的可能;反之，當價格創新低與指標背離也預示盤勢有反轉可能。

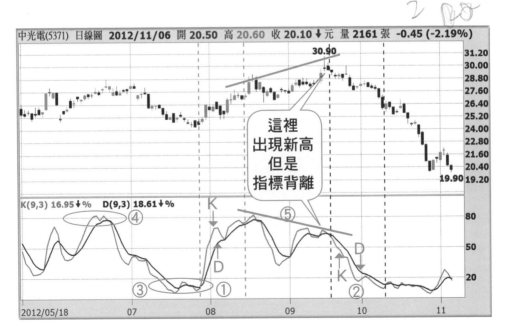

多頭市場時，用KD精準捉買點

　　任何指標一定都有「但書」，不可能光用一條線、簡單的就能「捉住」行情，在了解基本原則，再來看看多、空、盤整時KD指標各自不同的操作技巧。

　　首先，來看多頭行情時，如何搭配KD指標。

　　或許，讀者看到這裡就想問「多頭行情？若我知道是多頭行情，那我幹嘛還要看指標？」

　　前文曾解釋過，KD一般用在比較短線的行情，若再從它的計算式來看，以日線圖9日KD為參數，只要行情連續上漲超過9天，指標就會鈍化(連續下跌超過9天也一樣)，但有些指標卻沒有這種「鈍化」之虞，例如移動平均線，多頭行情時它就是向右肩上揚的一條線，MACD也一樣，它是波段型的趨勢指標，這些都是投資人可以用做初步判斷行情的指標，另外，也可以採用之前所提的「用長線保護短線」的方式，例如，你採用日線進出，那麼，就先找出週線漂亮，屬於多頭行情的標的進行交易。

　　OK，現在進入主題，當發現投資的標的處於多頭行情時，如何使用KD指標呢？

　　首先掌握一個原則，處於多頭行情時，投資人只要單單看KD的買進訊號做買進，至於KD出現賣出訊號時就別理它。

　　別理它，那我如何結清出場呢？

　　很簡單，就看別種指標出場就好了。

例如，進場買進時，你看日線的KD買進，出場時，就可以捉5日移動平均線與K線的形狀出場。

以下舉投資人美美交易統一(1216)為例。順著圖從左而右，美美的交易思路記錄如下：

①60日均線向上揚，行情判斷為多頭；②KD在50以下黃金交叉，可開始找買點；③K線在5日均線之上，在就這裡買進；④連續出現兩根帶上影線的K線，有漲不上去的感覺，先賣掉；⑤60日均線還在上揚，KD在50以下黃金交叉，可找買點；⑥與③一樣；⑦的上影線很長，短線操作，在這裡宜先出場；⑧與⑤的考慮一樣；⑨與③一樣；⑩是上漲途中出現長下影線，是多頭力氣用盡的訊號，賣出。

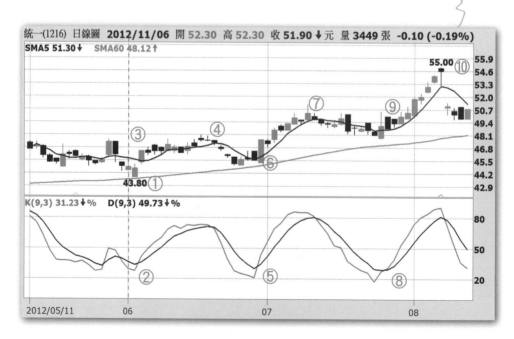

多頭市場時，KD的進階使用方法

多頭市場利用KD有效性很高，掌握KD在50以下且KD值向上交叉往往都是波段起點。

但是，在這種情形下還有以下兩種情況要考慮：

第一，行情強勢上漲時當參數設為9日時，KD的買點與賣點容易買得太慢(KD向上交叉出現太慢)、賣得太快(KD向下交叉出現太快)。

為了尋找更好的觀察指標，可以多採用另外一組KD參數，將天數改短一點，比方說5日，就可以提供多頭市場較佳的買賣點。但要注意，若採用過短的KD參數(例如3日KD)，又會出現訊號太過頻繁的問題。

* **更改KD參數，使之更適合操作(範例一)**

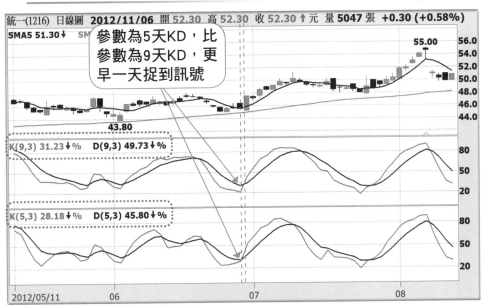

* **更改KD參數，使之更適合操作(範例二)**

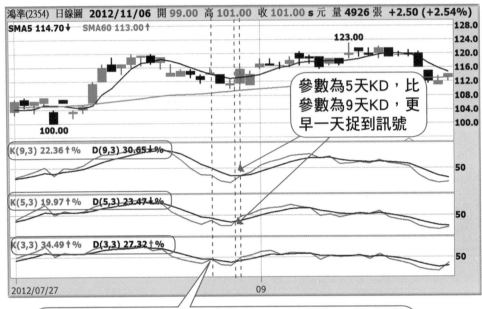

參數為5天KD，比參數為9天KD，更早一天捉到訊號

KD參數設得太短，也會有訊號出現太頻繁，容易出現無效訊號的缺失。所以，應該視自己的操作需求與行情需要，找出最佳配對。

　　第二，強力上升的行情KD超過80，很容易鈍化，若投資人因此賣太早也就罷了，但沒有經驗者看到指標在高檔死亡交叉，誤以為行情「過熱」而「放空」，哇！那損失就大了。投資人應多看股價圖，熟悉鈍化的圖形，若遇到類似的圖形，請記住，那時的ＫＤ完全沒用，建議改看移動平均線，例如，不管ＫＤ已經在８０以上，只要均仍在上升，就繼續持有，直到行情跌到５日均線三天以上才賣出。

* KD高檔鈍化(範例一)

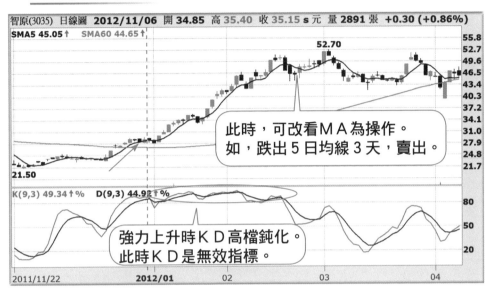

此時，可改看ＭＡ為操作。
如，跌出５日均線３天，賣出。

強力上升時ＫＤ高檔鈍化。
此時ＫＤ是無效指標。

* KD高檔鈍化(範例二)

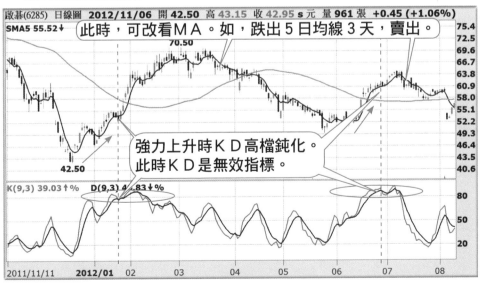

此時，可改看ＭＡ。如，跌出５日均線３天，賣出。

強力上升時ＫＤ高檔鈍化。
此時ＫＤ是無效指標。

Point 05 **空頭市場時，用KD精準捉放空點**

跟前面的多頭行情道理一樣，當處於空頭行情時，投資人只要單單看KD的賣出訊號做融券放空，至於KD出現買進訊號時就別理它。

至於回補股票，一樣是看別的指標(如看移動平均線)回補即可。

例如，進場融券放空時，你看日線的KD放空，回補股票時，就可以捉5日移動平均線與K線的形狀出場。

但就實務操作面建議，若市場情況不好，最好就放棄KD指標。並不是KD指標不準，而是國人還是比較習慣以做多的思維，所以即使全球景氣很差，台股表現也不好時，賠錢的人會一大堆，因為「習慣」上，散戶只愛找「買點」，不習慣找「放空點」，但若整體趨勢很爛，投資人又執著於一定要先買再賣，KD訊號又一直盤在50之下，要期待股價能強勢上揚就有點困難。

以下舉小偉的操作為範例－－

投資人小偉是一位多、空雙向操作的投資人，他從歐債危機出現後，就靠著很簡單的移動平均線與KD指標操作股票，他每天大量的吸收國內外的財經資訊，關注這項繼金融海嘯之後，危及全球財經的歐債危機發展，當投資人哀鴻遍野，巴望著全球政府「救」經濟之際，他則一直在尋找適合放空的「空點」

以下舉小偉交易健鼎(3044)為例。順著圖從左而右，小偉的交易思路記錄如下：

①60日均線向下彎，股價在均之下，說明目前是空頭趨勢。

②9日KD在高檔死亡交叉，是放空機會點。

③均線理論與K線理論都說出，那一根大黑K線是融券放空的好時機。

④空頭趨勢下，融券放空後，不再看KD，而改採看均線回補，在這裡均線出現水平，另外，④的位置跟60日均的乖離過大，非常有可能上漲且K線連續三根收盤都在5日均線之上，是短線空頭回補的時機。

⑤60日均線仍走空，仍應繼續找放空點，不應找買進點。

⑥跟②的理由一樣，是放空點。

⑦與④相同，都是融券放空後的回補點。

Point **06** 空頭市場時，KD的進階使用方法

　　空頭市場利用KD應掌握KD在50以上且KD值向下死亡交叉，可視為下跌波段的起點。跟多頭行情一樣，利用KD捉下跌波段行情有以下兩種情況要考慮：

　　第一，行情強勢下跌時當參數設為9日時，KD的融券放空點有可能出現得太慢(KD向下交叉太慢)。

　　為了尋找更好的觀察指標，可以多採用另外一組KD參數，將天數改短一點，比方說改成5日，就可以提供空頭市場較佳的放空點。但要注意，若採用過短的KD參數(例如3日KD)，又會出現訊號太過頻繁出現的假訊號。因此要視行情波動情況而調整。

*　更改KD參數，使之更適合操作(範例)

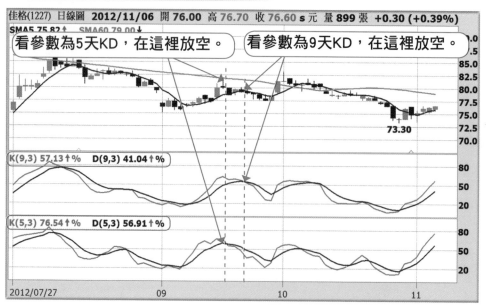

第二，強力下跌的行情KD低過20，很容易鈍化，若投資人因此回補(買進)太早也就罷了，但沒有經驗者看到指標在低檔黃金交叉，誤以為行情「超跌」而「買進」，那損失就大了。

投資人應多看股價圖，熟悉鈍化的圖形，若遇到類似的圖形，請記住，那時的ＫＤ完全沒用，此時建議改看移動平均線，例如，不管ＫＤ已經在20以下看起來好像在低檔，只要均線仍向下彎，行情仍繼續下跌，就繼續持有空單，直到行情上漲超過到５日均線三天以上才買進回補。

* KD低檔鈍化(範例)

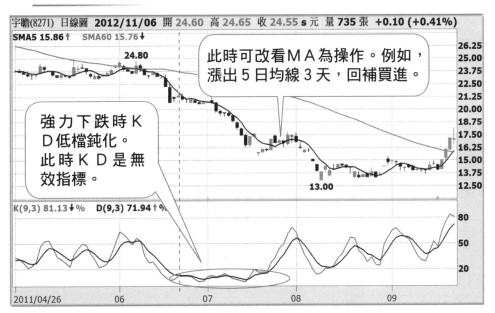

Point **07** **盤整市場時，KD的活用法**

　　個股或大盤在盤整時，KD值也會跟著股價上上下下一直出現交叉，照著KD按表操課的話，會發現KD常在50附近頻仍的出現訊號，不但差價不大，即使賺也會賠了手續費與稅金，這時可以把「日K線」調整成「時K線」，甚至做短線的投資人還可以調成「15分鐘K線」或「5分鐘K線」。可想而知，5分鐘K線的KD值比15分鐘K線的KD值敏感，而15分鐘K線的KD值又比時K線敏感，時K線的KD值又比日線敏感。在實際應用時，什麼時候要用什麼圖來判斷，都各有優缺點，主要是配合個股的股性與自己的操作策略和當時的大環境。投資人可以先確定大方向後，再利用30分鐘、5分鐘來找買點。最好不要一開始就用短時間K線來找買賣點，總是要先確認大趨勢。

＊　**日線盤整(範例)**

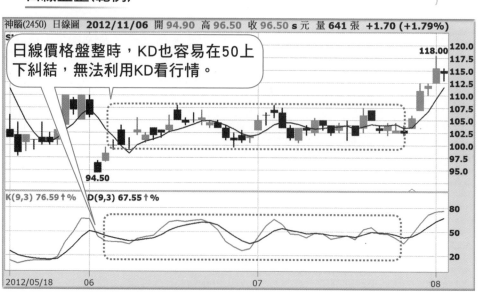

* **60分鐘(範例)**

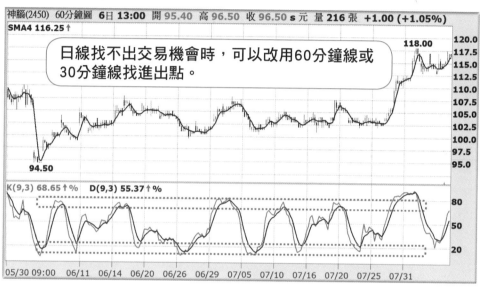

神腦(2450) 60分鐘圖 6日 13:00 開 95.40 高 96.50 收 96.50 s 元 量 216 張 +1.00 (+1.05%)

> 日線找不出交易機會時，可以改用60分鐘線或30分鐘線找進出點。

* **5分鐘((範例)**

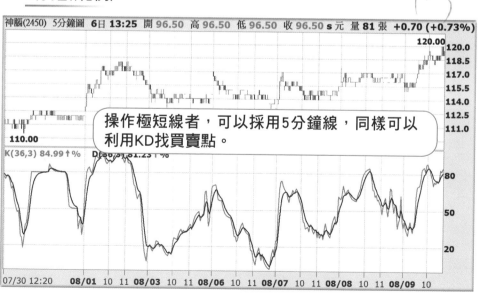

神腦(2450) 5分鐘圖 6日 13:25 開 96.50 高 96.50 低 96.50 收 96.50 s 元 量 81 張 +0.70 (+0.73%)

> 操作極短線者，可以採用5分鐘線，同樣可以利用KD找買賣點。

04章

STOCK

RSI

RSI的繪製方法

　　RSI是 Relative Strength Index的縮寫，中文一般稱它為：相對強弱指標。本文對RSI的說明原則跟前面介紹其他指標一樣，著重了解設計源頭的發想，而不是複雜精準的計算公式。只要能理解設計者設計指標的出發點，自然就能臨場反應，至於複雜的算式，就交給電腦。

　　RSI指標的設計是什麼出發點呢?

　　任何事物的道理都是「物極必反」，不管從那個角度來看，事物只要是「太超過」，總會有一股往反向的力量把它拉回。RSI是衡量買漲力量與買跌力量的計量化指標，買漲太多了，行情跌的機率就很高；買跌太多了，行情漲的機率就很高。

　　要進一步說明RSI，這裡以憑運氣定輸贏的擲骰子做說明。

　　雖然「運氣」這種東西每一次都是50%的機率，不過若是贏太多，還是會被認為幸運無法一直連續，可以認為或許要開始輸了吧！而若輸太多，到一個程度，也會認為應會停止繼續輸了吧！

　　RSI看的是行情買漲、買跌的情況，跟擲骰子也一樣，若行情一直處於買超，就有：股價不久應該要下跌了吧！這樣的味道；而若一直賣超，就有：股價不久就應該會上漲吧！這樣的味道。

　　以下我們以小明擲骰子的輸贏為例，來看RSI指標的設計想法。

　　小明連續7天擲骰子，若擲出來的結果隔一天比前一天的點數大，就算「獲利」，若隔一天比前一天的點數小，就算「損失」，而獲利或損失就是點數之間的差。

以下是小明7天擲骰子的幾種不同結果－－

第一種結果

天	點數	獲利	損失
7	6	1	
6	5	1	
5	4	1	
4	3	0	
3	3	1	
2	2	1	
1	1		

獲利的合計=
1+1+1+1+1=5

損失的合計=0

勝利獲利機率是：

$$\frac{5}{5+0} = 100\%$$

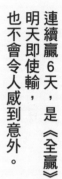

連續贏6天，是《全贏》。明天即使輸，也不會令人感到意外。

第二種結果

天	點數	獲利	損失
7	1		0
6	1		2
5	3		0
4	3		1
3	4		2
2	6		0
1	6		

獲利的合計=0

損失的合計=
2+1+2=5

勝利獲利機率是：

$$\frac{0}{0+5} = 0\%$$

連續輸6天，是《全輸》。明天即使贏，也不會令人感到意外。

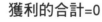

前述兩種情況不是全輸就是全贏，但也有可能是剛好不輸不贏勝負比率50%的情況(如第三種結果)，或者是略贏一些，只能說暫時手氣不錯的情況(如第四種結果)。

第三種結果：勝負50%

天	點數	獲利	損失
7	5		1
6	6	4	
5	2		3
4	5	1	
3	4	2	
2	2		3
1	5		

獲利的合計=
4+1+2=7

損失的合計=
1+3+3=7

勝利獲利機率是：

$$\frac{7}{7+7} = 50\%$$

勝負是一半一半。明天會輸或贏，機率也是一半。

第四種結果：勝率63%

天	點數	獲利	損失
7	6	1	
6	5	1	
5	3		2
4	5	3	
3	2		2
2	4	2	
1	1		

獲利的合計=
1+1+3+2=7

損失的合計=
2+2=4

勝利獲利機率是：

$$\frac{7}{7+4} = 63\%$$

七天的結果，勝率是63%。明天會輸會贏，也很難講。

這裡的計算方式很簡單，就是把所有獲利與所有損失的部份當成分母，把獲利的部份當成分子，兩者相除，就能計算出獲利機率。

而其中的「幾天」，就是投資人自行設定的參數。以這裡的例子是統計7天的數字，再計算出6次的「輸贏」。

RSI的設計原則與計算方式就跟這裡擲骰子分勝負的原理很接近。它架構在一樣假設上：贏多了，接下來就有比較高的機率會輸；輸多了，接下來就有比較高的機率會贏。

▷ RSI的計算

現在，進入主題來看RSI的公式。RSI是計算市場一段時間之內，價格上總幅度的平均值佔股價總漲、跌幅的百分比。也就是市場內的「追漲力道」佔「追漲力道」與「追跌力道」總和的百分比。因為日線RSI的參數常設為6，範例將以6日RSI做說明：

RSI的計算步驟 ① 先計算市場開始上漲數平均(UA)與下跌數平均(DA)

$$UA(漲數平均) = \frac{6日內收盤價上漲總和}{6}$$

$$DA(跌數平均) = \frac{6日內收盤價下跌總和}{6}$$

RSI的計算步驟② 算出第一個RSI值

$$RSI = \frac{6日漲數平均(UA)}{6日漲數平均(UA)+6日跌數平均(DA)} \times 100\%$$

RSI的計算步驟③ 之後的RSI值以滑修正式計算

步驟①、②是RSI的「簡單計算式」，若是計算6日RSI，只要行情連續上漲六天，RSI就等於100，若連漲10天RSI還是停在100，所以，一般的看盤軟體都採用「RSI平滑修正式」的計算公式。

$$當日的UA(漲數平均) = \frac{(前一天的UA \times 5)+當日的漲幅}{6}$$

$$當日的DA(跌數平均) = \frac{(前一天的DA \times 5)+當日的跌幅}{6}$$

$$RSI = \frac{當日的UA(漲數平均)}{當日漲數平均(UA)+當日跌數平均(DA)} \times 100\%$$

RSI觀察市場多、空力道消長。全勝為100%，全輸為0%，而需要注意的是，已經贏太多的 (70%)及輸太多的(30%)。但實務上一般不可能等到極輸或極贏，故RSI的應用有必要在下一節進一步說明。次頁是RSI的演練，數字從第一個RSI值開始算，參數為6日RSI。由於小數點進位的關係，與看盤軟體上RSI的數字會有些微差距。

RSI計算式(以2012年台積電的價格為例)

日期	收盤價	上漲	下跌	UA (上漲平均)	DA (下跌平均)	RSI
10.19	86.7					
10.22	86.0		-0.7			
10.23	85.7		-0.3			
10.24	85.4		-0.3			
10.25	84.8		-0.6			
10.26	87.3	2.5				
10.29	88.1	0.8		① 0.55	② 0.31	③ 63.9
10.30	88.0		-01	④ 0.46	⑤ 0.28	⑥ 62.1
10.31	88.7	0.7		0.5	0.233	68.2
11.01	89.2	0.5		0.5	0.194	72.1

① UA＝

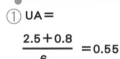

$$\frac{2.5+0.8}{6}=0.55$$

② DA＝

$$\frac{0.7+0.3+0.3+0.6}{6}=0.31$$

③ RSI＝

$$\frac{0.55}{0.55+0.31}×100\%=63.9$$

④ 當日UA＝

$$\frac{(0.55×5)+0}{6}=0.46$$

⑤ 當日DA＝

$$\frac{(0.31×5)+0.1}{6}=0.28$$

⑥ 當日RSI＝

$$\frac{0.46}{0.46+0.28}×100\%=62.1$$

市場已經超漲?還是超跌?RSI報你知

RSI最常被採用的是數值進入超買、超賣區時,但當RSI在其他數值時又要如何判斷?請參考以下的數據:

RSI數值	代表意義	理想的買賣
0→20	由極弱轉弱	買入
20→50	由弱轉中間	買入
50→80	由中間轉強	買入
80→100	由強轉極強	買入
100→80	由極強轉強	賣出
80→50	由強轉中間	賣出
50→20	由中間轉弱	賣出
20→0	由弱轉極弱	賣出

RSI雖然可以根據上述的表格操作,不過,實務上卻不能這麼呆板的買賣。

首先,RSI因設定的參數不同而有很多不同的判斷方式,當參數設定得愈大,分界線離中心線(50)就愈近,離兩端(0與100)就愈遠,以本文的附圖為例,設定參數6與參數24為比較,很明顯的,參數設定24時,擺盪區間不像參數6時那樣常向兩邊擺盪。

在應用面，兩條參數不同的RSI指標，其功能就像不同時間的移動平均線(MA)一樣，高檔區死亡交叉，預示著行情可能向下發展；低檔區的黃金交叉，預示著行情可能向上發展。

* **6日RSI與24日RSI的比較(範例)**

　　再者，每一項商品的活絡情況不同，RSI所能達到的「高度」也不同，股性愈活絡的個股，買賣訊號的位置離50就愈遠，而行情愈鈍的個股，買賣訊號就離50愈近。

　　因此，投資人在採用這項指標時，要掌握個股的波動周期與過去RSI歷史的調性，就更能透過RSI掌握個股的動向。

* __股性不同，RSI波動不同(以近一年宏達電與台積電為比較)。__

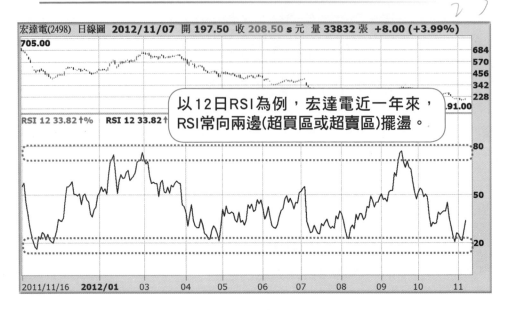

以12日RSI為例，宏達電近一年來，RSI常向兩邊(超買區或超賣區)擺盪。

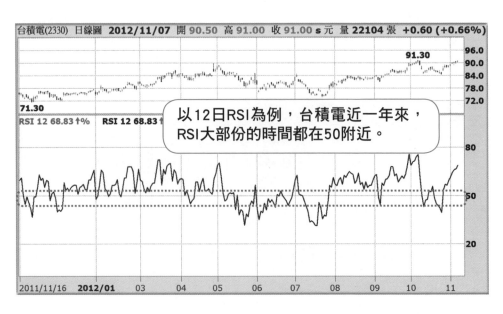

以12日RSI為例，台積電近一年來，RSI大部份的時間都在50附近。

盯住50，RSI告訴你市場是冷?是熱?

RSI 50是買超與賣超力量平衡的位置，可以將它視為股價強弱的分界點，也就是RSI超過50行情屬於強勢，RSI低於50行情屬於弱勢。

在應用上，上升的行情當價格暫時下挫，若RSI若沒跌破50，可視為強勢整理不必急著賣出。相對的，若股價長期下跌，但在下跌中出現反彈，若反彈時RSI還沒有站上50，說明行情還很弱，就先不買進。

簡單來說，若RSI指標回升突破50，是多頭加碼的好時機，若RSI高於80，多頭可以獲利了結，而一旦RSI跌出80往下走，就是放空的機會點。而站空方者，可以等到RSI跌到穿透50就是加碼放空的機會點。

* **以50為基準RSI應用的示意圖**

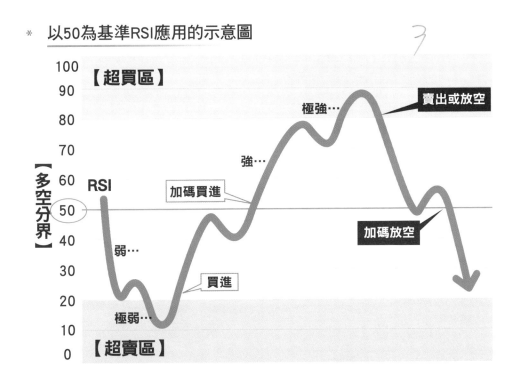

Point 04 **漲到頂的頭部出現了嗎?RSI早一步知道**

　　股價經歷漲勢之後上升速度變慢,股價在創新高,但RSI卻呈現下降,這就是高檔背離,表示漲勢已經到了瓶頸。也就是當RSI處在高檔(如70%以上),此時可以判斷市場相當熱絡,買漲的人氣很旺,不過,此時RSI在高檔區若已經出現擺動不足,又跟股價行情背離時,這時有很高的機會行情會往下走,是短線投資人高點放空的機會。

　　具體來說,當RSI第一次進入超買區時,可視為「警訊」,真正進入實質買超,是指RSI再一次進入超買區,但這一次的波峰(H2)沒有高過第一次波峰(H1),且第二次折返向下的峰底(L2)也低過第一次的折返峰底(L1),這算是比較確認為頭部的形成。

* **RSI指標預示行情做頭的示意圖**

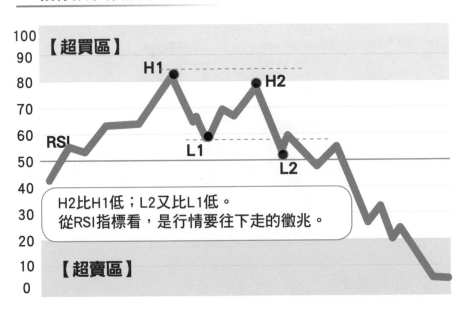

* RSI指標預示行情做頭範例

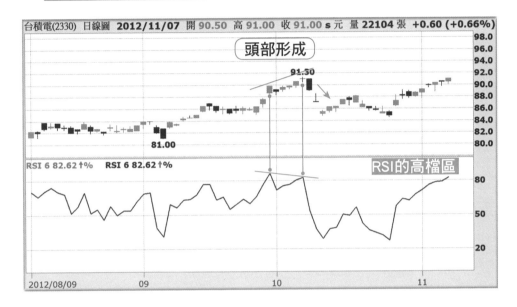

台積電(2330) 日線圖 **2012/11/07** 開 **90.50** 高 **91.00** 收 **91.00** s 元 量 **22104** 張 **+0.60 (+0.66%)**

頭部形成

91.30

81.00

RSI 6 82.62 ↑% RSI 6 82.62 ↑%

RSI的高檔區

2012/08/09   09   10   11

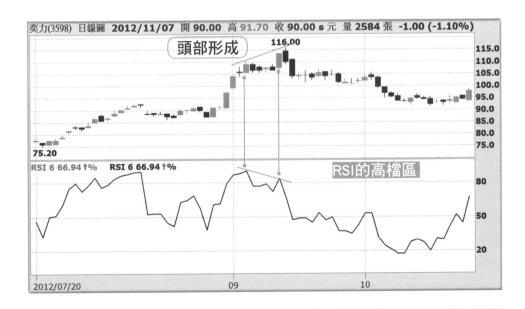

奕力(3598) 日線圖 **2012/11/07** 開 **90.00** 高 **91.70** 收 **90.00** s 元 量 **2584** 張 **-1.00 (-1.10%)**

頭部形成

116.00

75.20

RSI 6 66.94 ↑% RSI 6 66.94 ↑%

RSI的高檔區

2012/07/20   09   10

Point 05 **跌到底的底部出現了嗎？ RSI早一步知道**

當股票因利空消息而超賣時，股價會嚴重下跌，但觀察RSI若出現背離，可視之為技術上「撿到便宜」了。但不是今天背離，明天就一定行情反轉，應該還要搭配其他分析工具，如移動平均線，甚至配合KD指標一起參考。當RSI在超賣區（如RSI小於30%）出現「擺動不足」時有可能形成行情的底部（也就是行情將上漲的徵兆）。

具體來說，當RSI第一次進入超賣區時，也是代表著一種「警訊」，真正進入實質是的賣超，是RSI再一次進入超賣區，但這一次的峰底（L2）高過第一次的峰底（L1），而且第二波折返向上的波峰高（H2）還高過第一次的折返（H1），這算是比較確認為底部。

* <u>**RSI指標預示行情築底的示意圖**</u>

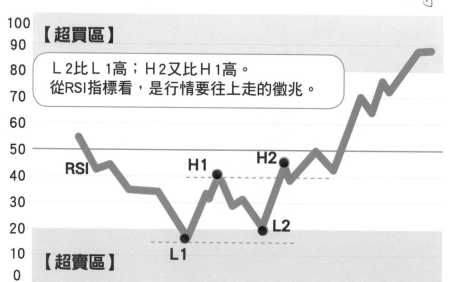

* RSI指標預示行情築底範例

5-2

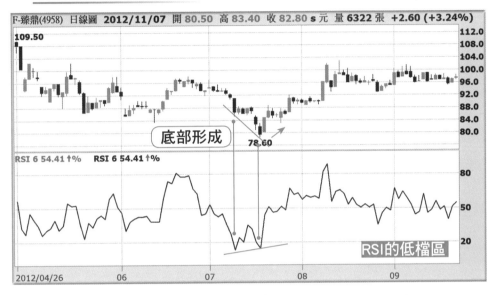

F-臻鼎(4958) 日線圖 **2012/11/07** 開 80.50 高 83.40 收 82.80 s 元 量 6322 張 +2.60 (+3.24%)

底部形成

78.60

RSI 6 54.41↑%   RSI 6 54.41↑%

RSI的低檔區

2012/04/26   06   07   08   09

十

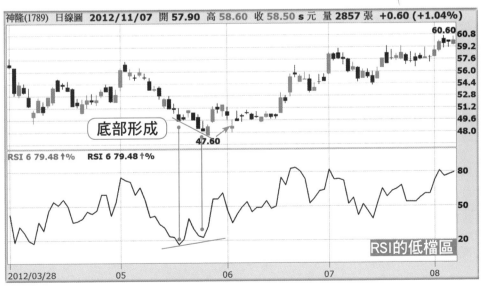

神隆(1789) 日線圖 **2012/11/07** 開 57.90 高 58.60 收 58.50 s 元 量 2857 張 +0.60 (+1.04%)

60.60

底部形成

47.60

RSI 6 79.48↑%   RSI 6 79.48↑%

RSI的低檔區

2012/03/28   05   06   07   08

06　多頭加碼應在那裡? RSI早一步知道

RSI在超賣區,買;在超買區,賣,以上屬於「逆向操作」的邏輯。若採用「順向操作」則可以觀察黃金交叉與死亡交叉,看圖法就跟K線圖一樣。

以6日與12日RSI為例。當6日RSI轉強一底比一底高,向上穿透12日RSI,是行情轉強的訊號,也就是如移動平均線所講的黃金交叉,是買進訊號。

買進後,若行情再次向上穿透50,不久又拉回測試50的支撐,若測試不破,表示市場的支撐很強,這個回測不破的點,則是多方投資人加碼的買進點,往往有機會讓投資人「捉」到行情。

*　**RSI指標黃金交叉和回測不破加碼操作示意圖**

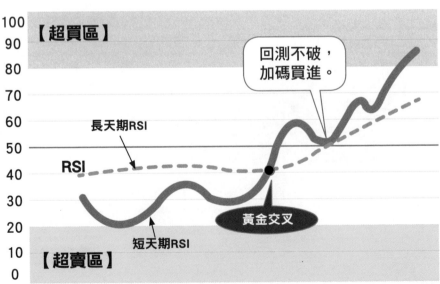

※ RSI指標預示行情多頭加碼範例

6-2

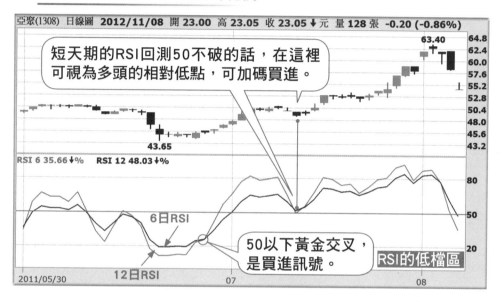

亞瑳(1308) 日線圖 **2012/11/08 開 23.00 高 23.05 收 23.05 ↓元 量 128 張 -0.20 (-0.86%)**

短天期的RSI回測50不破的話，在這裡可視為多頭的相對低點，可加碼買進。

63.40

43.65

RSI 6 35.66↓% RSI 12 48.03↓%

6日RSI

12日RSI

50以下黃金交叉，是買進訊號。

RSI的低檔區

2011/05/30

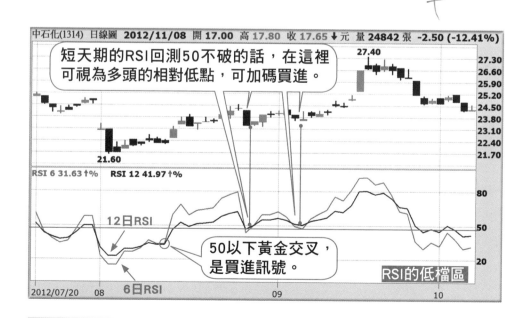

中石化(1314) 日線圖 **2012/11/08 開 17.00 高 17.80 收 17.65 ↓元 量 24842 張 -2.50 (-12.41%)**

短天期的RSI回測50不破的話，在這裡可視為多頭的相對低點，可加碼買進。

27.40

21.60

RSI 6 31.63↑% RSI 12 41.97↑%

12日RSI

6日RSI

50以下黃金交叉，是買進訊號。

RSI的低檔區

2012/07/20

07 **空頭加碼應在那裡? RSI早一步知道**

　　RSI若採用「順向操作」則可以觀察黃金交叉與死亡交叉,看圖法就跟K線圖一樣。

　　若6日RSI一波峰比一波峰低,向下穿透12日RSI,是行情走弱的訊號,也就是死亡交叉,是賣出的訊號。

　　若行情已經跌出50但不久又拉回到50測試壓力,若測試壓力不成功,無法成功的穿越50,RSI再往下壓的話,這個穿越不過的點,是投資人加碼放空的點。

7-1

* **RSI指標死亡交叉和回測不破加碼操作示意圖**

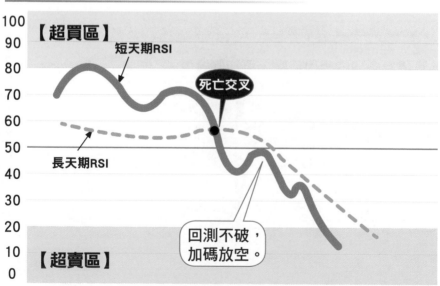

＊ RSI指標預示行情空頭加碼範例

7-2

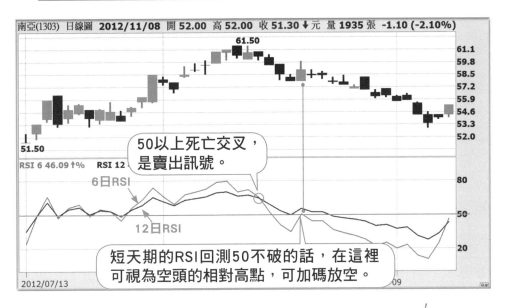

南亞(1303) 日線圖 **2012/11/08** 開 52.00 高 52.00 收 51.30 ↓元 量 1935 張 -1.10 (-2.10%)

> 50以上死亡交叉，
> 是賣出訊號。

> 短天期的RSI回測50不破的話，在這裡
> 可視為空頭的相對高點，可加碼放空。

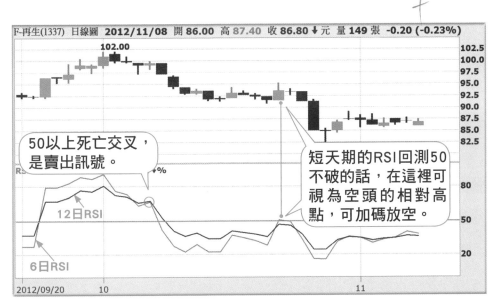

F-再生(1337) 日線圖 **2012/11/08** 開 86.00 高 87.40 收 86.80 ↓元 量 149 張 -0.20 (-0.23%)

> 50以上死亡交叉，
> 是賣出訊號。

> 短天期的RSI回測50
> 不破的話，在這裡可
> 視為空頭的相對高
> 點，可加碼放空。

08 RSI鈍化的完全解決方案

　　股市進入持續上漲時，因為陽線次數多過於陰線，使得之後行情再出現高價，RSI也不再反應（請回想一下前面提到的公式就能理解）；相同的，股市進入持續下跌時，RSI指標的振幅在低檔的變動也會趨緩，使得指標沒有什麼具體的作用。另外，會讓RSI指標鈍化的還有盤整行情，當價格持續只微幅變動時，RSI指標也會只在50上下糾纏，同樣此時RSI都暫時處於無用的狀態。

　　任何技術指標都有它的「死穴」，遇到鈍化的情況，當然就要仰賴沒有鈍化的指標，例如，改看移動平均線，跟前面我們解釋KD指標一樣，是上升?下降?還是盤整行情使得指標鈍化，可以從移動平均線看出來，若是處於上升行情時，以RSI50以下黃金交叉買進，出場時就捨棄RSI指標，例如改看5日移動平均線，可繼續持有部位直到價格跌出5日移動平均線之下三天以上再出場；若是處於下跌行情時，以RSI50以上死亡交叉融券放空，出場時就捨棄RSI指標，例如改看5日移動平均線，可繼續持有空頭部位直到價格漲超出5日移動平均線之上三天以上再回補。

　　當指標處於鈍化時，不管是連續上漲、連續下跌還是長時間盤整，都可以用細化時間的方式找出買、賣點。當然，細化時間段的方法要注意買、賣訊號出現可能過於頻仍，反而不易觀察，因此，投資人應該根據自己的交易策略與個股的股性調整不同的時間段，找出最合用的參數。以下將根據本文逐一以實例說明。

✻ RSI低檔／高檔鈍化時，改看均線進出

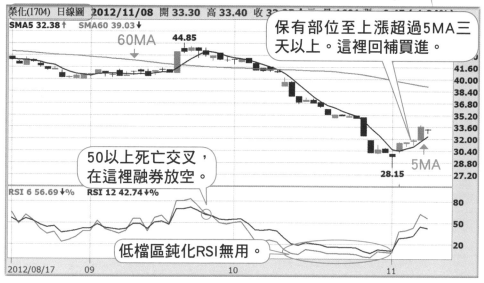

榮化(1704) 日線圖 **2012/11/08** 開 33.30 高 33.40 收 33.30
SMA5 32.38↑　SMA60 39.03↓

60MA

44.85

保有部位至上漲超過5MA三天以上。這裡回補買進。

41.60
40.00
38.40
36.80
35.20
33.60
32.00
30.40
28.80
27.20

50以上死亡交叉，
在這裡融券放空。

28.15

5MA

RSI 6 56.69↓%　RSI 12 42.74↓%

80
50
20

低檔區鈍化RSI無用。

2012/08/17　　09　　　　　　10　　　　　　11

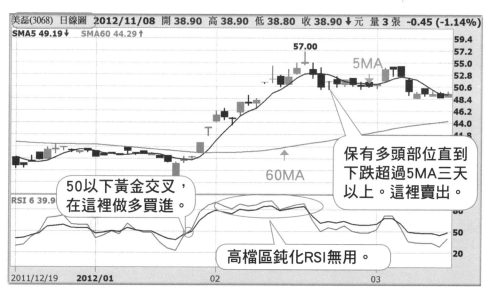

美磊(3068) 日線圖 **2012/11/08** 開 38.90 高 38.90 低 38.80 收 38.90↓元 量 3 張 -0.45 (-1.14%)
SMA5 49.19↓　SMA60 44.29↑

57.00

5MA

59.4
57.2
55.0
52.8
50.6
48.4
46.2
44.0
41.8

保有多頭部位直到
下跌超過5MA三天
以上。這裡賣出。

50以下黃金交叉，
在這裡做多買進。

60MA

RSI 6 39.9

80
50
20

高檔區鈍化RSI無用。

2011/12/19　**2012/01**　　　02　　　　　03

* **RSI低檔鈍化時，由日線改看60分鐘線範例**

8-2

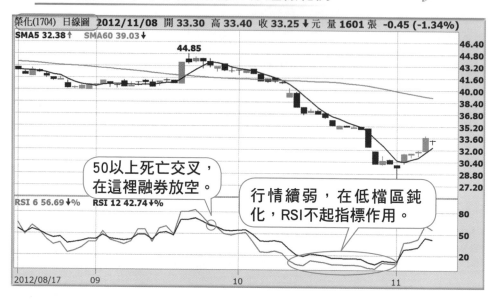

榮化(1704) 日線圖 **2012/11/08** 開 **33.30** 高 **33.40** 收 **33.25** ↓元 量 **1601** 張 **-0.45 (-1.34%)**
SMA5 32.38↑　　SMA60 39.03↓

44.85

> 50以上死亡交叉，
> 在這裡融券放空。

> 行情續弱，在低檔區鈍
> 化，RSI不起指標作用。

RSI 6 56.69↓%　　RSI 12 42.74↓%

2012/08/17　　09　　　　　　　　　　10　　　　　　　　　11

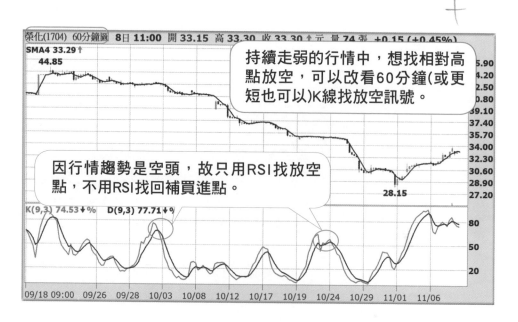

榮化(1704) 60分鐘圖 8日 **11:00** 開 **33.15** 高 **33.30** 收 **33.30** ↑元 量 **74** 張 **+0.15 (+0.45%)**
SMA4 33.29↑
44.85

> 持續走弱的行情中，想找相對高
> 點放空，可以改看60分鐘(或更
> 短也可以)K線找放空訊號。

28.15

> 因行情趨勢是空頭，故只用RSI找放空
> 點，不用RSI找回補買進點。

K(9,3) 74.53↓%　　D(9,3) 77.71↓%

09/18 09:00　09/26　09/28　10/03　10/08　10/12　10/17　10/19　10/24　10/29　11/01　11/06

＊ RSI高檔鈍化時，由日線改看60分鐘線範例

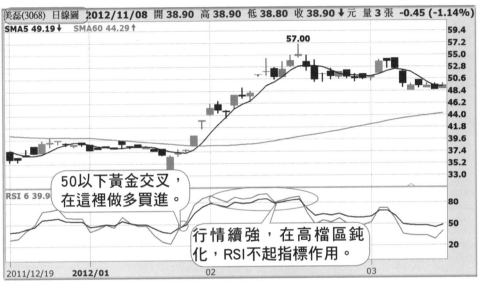

> 50以下黃金交叉，在這裡做多買進。

> 行情續強，在高檔區鈍化，RSI不起指標作用。

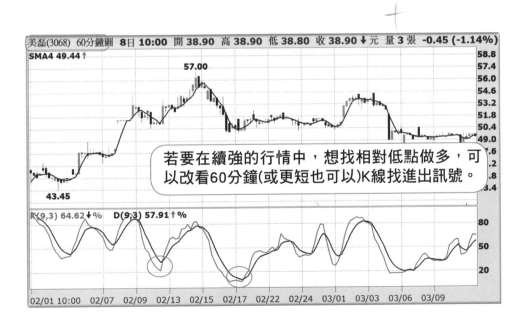

> 若要在續強的行情中，想找相對低點做多，可以改看60分鐘(或更短也可以)K線找進出訊號。

8-4

* **行情日線處於盤整時，也可改看60分鐘線範例**

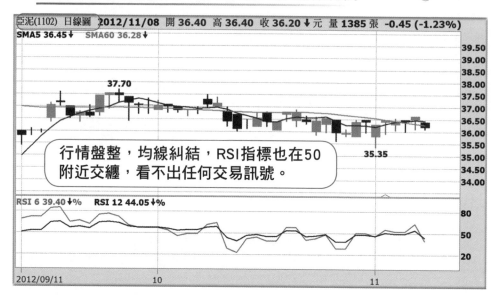

行情盤整，均線糾結，RSI指標也在50附近交纏，看不出任何交易訊號。

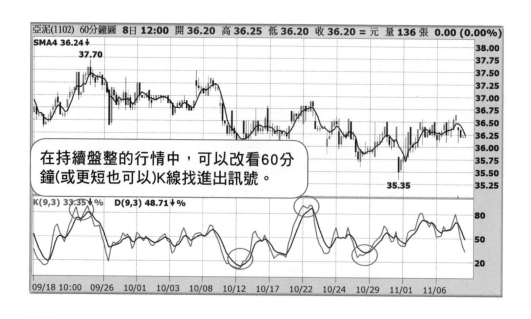

在持續盤整的行情中，可以改看60分鐘(或更短也可以)K線找進出訊號。

Point **09** ## 善用指標篩選器

　　早年電腦不普及，即使懂得技術分析原理，也得費時費工的從上千檔個股中找出自己想操作的技術圖形，即使現在電腦普及，因為技術分析並不能單憑一項指標就做出買賣決策，所以，投資人仍然得把技術分析所有線圖甚至包新聞面、基本面等一起判讀。因此建議，適時的使用「選股篩選器」可以節省選股時間，至少可以縮小選股範圍。投資人可以善用網路資源或是券商免費提供的篩選器（註：本例為XQ全球贏家看盤軟體其為付費軟體）。進入選股條件設定的畫面，投資人可以依照需求，設定多條件選股，本例只採用一項條件「6日RSI向上突破12日RSI」，也就是RSI的黃金交叉。

| 市場面 | 基本面 | 技術面 | 籌碼面 | 財務面 | 營收獲利面 |

選股結果

股票名稱	收盤	漲跌	
台苯(1310)	7.20	0.42	
國喬(1312)	14.95	0.40	
東陽(1319)	23.15	0.55	
F-再生(1337)	87.00	0.40	

05 章

STOCK

布林通道

Point **01** 三個生活範例，以理解布林通道設計

布林通道是由美國的John Bollinger所設計，由於指標的命名就是設計者的大名Bollinger，所以，翻譯成中文時，也有人稱「保力加通道」、「布林線」、「布林吉軌道」、「BBands 軌道」等等，讀者只要看指標的線圖壓在K線上，畫面對稱一下子變寬一下子變窄，也許中文名稱略有不同，但一般就是布林通道。因為布林通道的特色之一就是利用對稱兩邊與中軸線的寬、窄來指出行情與股價的「偏差」有多少。

什麼叫股價的偏差呢？

簡單來講就是「跟標準差多少」的意思。

一般的判讀原則就是，當行情跟「標準」相差太遠時，行情有很高的機率會向「標準」靠近。

這裡先舉一個例子做說明。

假設小華的學校把學生的綜合表現分為5等級評分，表現最佳的得5點，最差的得1點，那麼得3點的人應該是最多，得4點、2點的人會比較少，得5點、1點的人會更稀少。

若小華過去的表現總是被評為得3點，但這次被評為得到4點，那麼，下一次小華的評分落點會是在那裡呢？

比起再一次取得4點或5點的機會來說，回到3點的機率是比較高的。布林通道的想法也大致如此，投資人只要想法清楚，布林通道的使用方法將會變得更簡單。

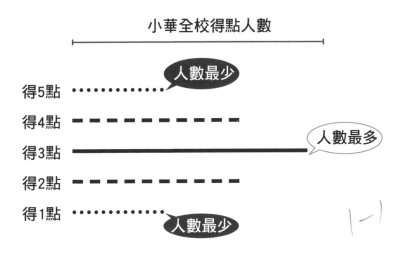

小華全校得點人數

得5點 ······· 人數最少

得4點 ------

得3點 —————— 人數最多

得2點 ------

得1點 ······· 人數最少

▷ 95%的價格落在±2標準差中間

以下再舉另外一個例子，進一步說明布林通道的想法－－

統計莉莉過去考試100次的結果，總平均分數為60分，其中有68次（68%）的考試成績在50分及70分之間，有95次（95%）的考試成績在40分及80分之間。80分以上及40分以下，合計有5次（5%）。

若莉莉第100次的分數為60分，第101次的分數可能會比60分高？或比60分低？

這個問題很難判斷。但假設莉莉第100次考試分數為95分，由於95分對莉莉而言，是很少拿到的好分數，故第101次的分數，得到95分以下的機率，理論上應該被認為將高於得到95分以上的機率。

1-2

莉莉分數	發生機率
80分以上	很少出現的好分數
80分	偶爾拿好分數，13.5%
70分	
60分	平日平均60分，68%
50分	
40分	偶爾拿壞分數，13.5%
40分以下	很少出現的壞分數

佔95%

　　布林線還有一個統計上的意義，根據統計學理論，約有70%的情況股價會落在布林線中間，95%的情況股價會落在2倍布林線中間。

　　若我們把布林線的應用放實際的股票，再舉個例子就更清楚了。

　　整理某甲電子公司100天的收盤價，平均為300元，且約7成（＝68%）的收盤價在250元及350元之間。而幾乎所有的收盤價（95%）在200元及400元之間。另外，比400元高的及比200元低的收盤價，合計有5%，也就是出現的機率很低。

　　若某甲電子公司第100天的股價為150元。透過布林通道的方式，想要推測第101天的行情就很簡單了，因為150元出現的機率是落在很少出現的區域，故我們就可以比較大膽的推測在第101天的股價要比150元高的機率是很高的。以上這就是「布林通道」的想法。

甲公司股價	發生機率
400元以上	很少出現的高股價
400元	偶爾的高股價，13.5%
350元	
300元	平均股價300元，68%
250元	
200元	偶爾的低股價，13.5%
200元以下	很少出現的低股價

佔95%

我們若把前面的那張圖，加上4個箭頭，外加四個座標：2σ、σ、$-\sigma$、-2σ。也就是把進入68%的範圍下面的一條線稱為$-\sigma$線，上面的一條線稱為σ線。進入數據95%的範圍下面的一條線稱為-2σ線，上面的一條線稱為$+2\sigma$線，就成為本頁下面的圖。

甲公司股價	發生機率
400元以上	很少出現的高股價
400元	偶爾的高股價，13.5%
350元	
300元	平均股價300元，68%
250元	
200元	偶爾的低股價，13.5%
200元以下	很少出現的低股價

$\blacktriangleright 2\sigma$ 線

$\blacktriangleright \sigma$ 線

佔95%

$\blacktriangleright -\sigma$ 線

$\blacktriangleright -2\sigma$ 線

這就是布林通道的繪製方法，而運用在行情上，只要使用-2σ線及$+2\sigma$線即已足夠。也就是行情若接近2σ線，或超過2σ線的話，下跌的可能性是高的（賣出訊號）。若接近-2σ線，或低於-2σ線的話，上漲的可能性是高的（買進訊號）。

▷ **關於布林通道，很重要的使用原則：**

若你參考布林通道的-2σ線買進，但在賣出時，卻幾乎不可以使用2σ線！反之也是一樣。為什麼呢？

前面曾用考試分數來當成布林通道的理解。

現在同樣再用這樣的理解方式來解釋－－假設，小花花每一次考數分數的平均是50分，那麼-2σ線為30分，2σ線為70分。

若小花花這一次考試成績低於30分（低於-2σ線），比較合理的期待是小花花應該有可能從30分、35分、40分、45分一路進步到50分，但是，除非有極度充足的理由，否則要期待小花花在短期能進步到70分以上就太超過了。

相同的，若你是採用價格向上穿透布林通道，放空！的邏輯，但它可不一定（通常不是）回補股票（買）在行情掉到布林通道以下時。一般說來，不管買、賣，一面要看移動平均線，一面要看K線，而把布林通道當成為加強佐證（互相確認）的訊號比較合理。

02 布林通道的繪製方法

　　布林線的計算是有點複雜的，但建議投資人第一次還是拿起計算機按一按，培養對指標的感覺。

　　布林線的市場含義是，股價繞著平均價波動時偏離的程度，以此來反映股價「震盪」的程度。換言之，股價的震盪度愈高，指標偏離平均價就愈遠。一般日線布林線的中軸線是20日MA(且一般不設在小於6日以下)，但在此為了計算方便範例將以台積電（2012.11.12）5日布林線做說明：

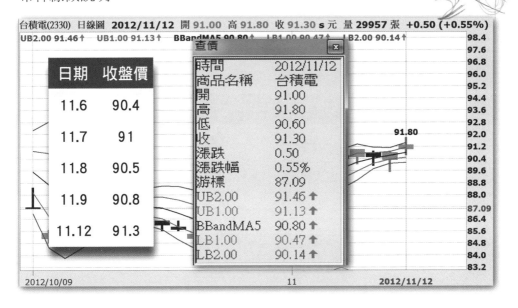

布林線的計算步驟 ① 計算平均數（簡單平均數）

$$\frac{90.4+91+90.5+90.8+91.3}{5}=90.8(平均數)$$

布林線的計算步驟 ② 計算平均差(找出各天價格對MA的差)

日期	收盤價	5日平均	近5天對平均的差
11.6	90.4		0.4
11.7	91		-0.2
11.8	90.5	90.8	0.3
11.9	90.8		0
11.12	91.3		-0.5

布林線的計算步驟 ③ 計算平均差的兩次方

日期	收盤價	5日平均	對平均的差	平均差的兩次方
11.6	90.4		0.4	0.16
11.7	91		-0.2	0.04
11.8	90.5	90.8	0.3	0.09
11.9	90.8		0	0
11.12	91.3		-0.5	0.25

布林線的計算步驟 ④ 平均差兩次方加總後除5,再開根號=標準差σ

$$\frac{0.16+0.04+0.09+0.25}{5}=0.108 \quad ; \quad \sqrt{0.108}=0.329$$

布林線的計算步驟 ⑤　　1σ就是MA+1標準差；2σ就是MA+2標準差

$$1\sigma = 90.8 + (1 \times 0.329) = 91.13$$

$$2\sigma = 90.8 + (2 \times 0.329) = 91.46$$

$$-1\sigma = 90.8 - (1 \times 0.329) = 90.47$$

$$-2\sigma = 90.8 - (2 \times 0.329) = 90.14$$

　　若讀者跟著這裡的範例計算，可知道布林通道跟其他指標有所不同，因為它著重在股價的震盪分析。

　　若從震盪的角度來看價格波動，價格運動的形式簡單的只有兩種，一種就是盤整，另一種是突破(也就是走單邊行情)。布林通道的優點就在於利用布林開口的大小，可以判定目前走勢是波動小的盤整行情?還是波動大的單邊行情。

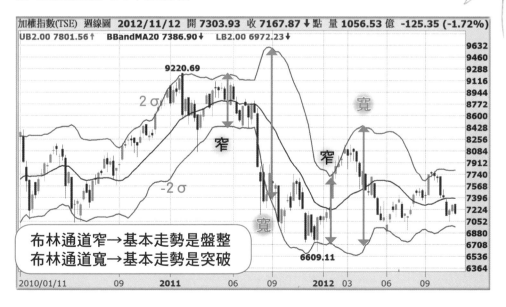

盤整行情?突破行情?布林通道報你知

前一節解釋過，布林通道說明了股價在一段時間內的震盪情況，由股價的基本走勢，可分為盤整與突破兩種情況，因此，若要用一種比較極端的說法就是，行情只有兩種，一種是盤整、一種是突破盤整往單邊走的行情。

認識這個有什麼好處呢？

確認是盤整行情，只要低買、高賣，就能獲利；確認為突破的走單邊行情，只要繼續持有正確的部位，就能獲利。

另一面來看，盤整的過程中，股價在一定的區間內震盪，每一次的漲跌震盪也在消耗著投資人追漲殺跌的能量，如此持續一段時間之後，必然會出現新一波較大的勢力把盤整行情的平衡打破，而一旦打破平衡，價格就會展開一段快速的移動（突破），除非有人為的干擾（如中小型股有主力操縱），否則依照市場自然的運動，這種快速的價格朝單邊走，都會使參與者「重心不穩」，而加入已經運動方向，造成更大的單邊走勢。事實上，投資人若能想通這一點，就能在操作上提供一個不錯的交易機會，只要有技巧性的加入單邊運行的一方，在市場還找不到平衡之前，就能賺到行情的價差。

回過來頭說，在行情上漲／下跌持繼單邊走勢一段時間之後，必然又會受到壓力／支撐，而進入勢均力敵的盤整區間。

盤整、突破兩者交互出現，股市就這樣永遠波動下去。從這個觀點出發，就可以發展出布林通道各種的使用方法。

04 K線與布林通道的關係

　　當上、下布林通道向內收斂，說明行情的運動由「突破」轉向「盤整」，若能確認將走「盤整」行情，策略上只要「低價買，高價賣」進行區間操作就能賺到差價。當然，也可以選擇不在這窄窄的區間行情跟市場搏鬥，等到趨勢明朗，也就是出現行情突破時，再「順勢操作」即可。

　　那麼什麼訊息知道現在是「盤整」還是「突破」呢？

　　在計算布林通道時，一般是直接看＋2σ、－2σ，但也可以把布林的通道調整，多加＋1σ、－1σ，當股價處於盤整期時，除了布林通道收窄之外，股價也大都運行在＋1σ、－1σ之間，而突破的過程中，股價則常走在＋1σ、－1σ之外，有時甚至會超出＋2σ、－2σ。

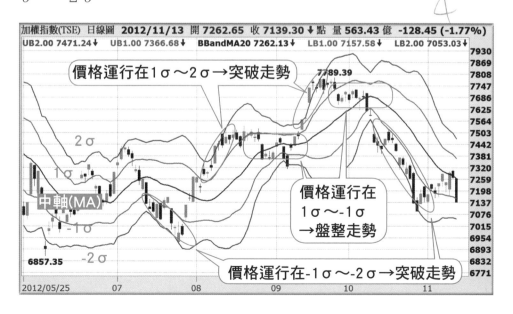

加權指數(TSE) 日線圖 2012/11/13 開 7262.65 收 7139.30 ↓點 量 563.43 億 -128.45 (-1.77%)
UB2.00 7471.24↓ UB1.00 7366.68↓ BBandMA20 7262.13↓ LB1.00 7157.58↓ LB2.00 7053.03↓

價格運行在1σ～2σ→突破走勢

價格運行在 1σ～-1σ →盤整走勢

價格運行在-1σ～-2σ→突破走勢

中軸(MA)

2σ
1σ
-1σ
-2σ

Point 05 **布林寬帶告訴你，盤整行情還會持續嗎？**

上、下布林線之間的寬度也可以做為行情是否將要改變狀態(盤整→突破，突破→盤整)的預警訊號。

一般看布林線時是採用目測，也就是本來窄的通道開口擴大後，說明本來的市場震盪已經太小了，有一批不耐煩的投資人已經開始突破；相對的，寬的通道開口收斂後，說明本來的市場震盪已經太大了，在支撐、壓力兩方的受力下，行情已經開始出現盤整。

除了用目測定義布林開口的大小之外，也可以用「布林寬帶（BBand width）」為參考。

以下先以範例說明布林寬帶計算方式：

查價	2012/11/13
時間	2012/11/13
商品名稱	加權指數
開	7262.65
高	7262.65
低	7129.87
收	7136.44
漲跌	-131.31
漲跌幅	-1.81%
游標	7170.6
UB2.00	7471.43 ↓
UB1.00 1σ	7366.71 ↓
BBandMA20	7261.99 ↓
LB1.00-1σ	7157.27 ↓
LB2.00	7052.55 ↓
BBand width	5.77% ↓
Band%EMA3	6.05% ↓

① 計算 1σ 與 -1σ 的差

$= 7366.71 - 7157.27 = 209.44$

② 計算①佔中軸的比例

$= 209.44 / 7261.99 = 0.0288$

③ 計算②的一倍

$= 0.0288 \times 2 = 0.0577 = 5.77\%$

盤整的過程中，布林通道的距離若逐漸縮小，使得布林寬帶在５％左右，甚至是５％以下，說明市場的震盪已經很小了，對短線炒作者而言，操作它已經沒有空間獲利了，這時，盤整行情有可能會被打破，出現突破行情。但若布林寬帶還在１０％以上時，本來盤整的行情，則可能會再持續盤整，至少不會立即性出現突破價格的風險。

　　了解布林寬帶的特性有什麼好處呢？

　　試想，若行情持續處於盤整，投資人事實上只要遵守低檔買、高檔賣的原則即可，但若布林寬帶此時在１０％以下，投資人就不一適用同樣的方式操作，而布林寬帶掉到５％，預示行情隨時可能「變盤」，萬一投資人站錯方向，就可能會蒙受損失。

布林寬帶掉到５％，隨時有可能「變盤」，從盤整變成突破。

　　另外，在突破的過程中，當布林寬帶已經達到３０％以上，說明
行情已經處於「過度震盪」的市場氣氛，「動極思靜」將步入盤整。

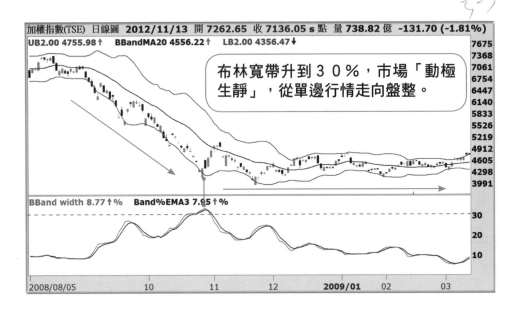

加權指數(TSE) 日線圖 **2012/11/13** 開 7262.65 收 7136.05 s 點 量 **738.82 億 -131.70 (-1.81%)**

> 布林寬帶升到３０％，市場「動極生靜」，從單邊行情走向盤整。

　　以上對「布林寬帶」的判讀，僅就一般情況當成參考，投資人另
外還要考慮若個股的股性比較活潑，上述的數據就會不合用，尤其是
主力著墨甚多的個股，布林寬帶的數據就會非常高，投資人可以依個
股過去的歷史數據當成參考。

　　一般說來，布林寬帶放在加權指數上測試行情準度會較高，但放
在個股會因個股的股性而有很大的調整空間了。

　　下圖是兩張股性完全不同的股價圖，一張是股性活潑的宏達電，
另一張是股性偏冷的榮成。投資人可以比較一下。

✽ 布林通道應用在個股時要同時考慮到個股的股性

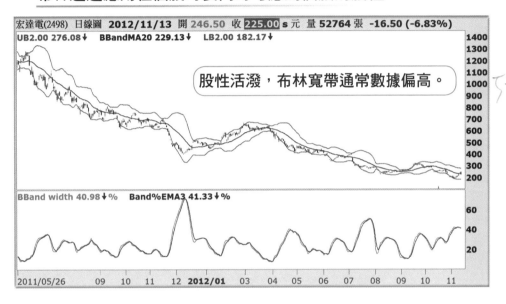

宏達電(2498) 日線圖 **2012/11/13** 開 246.50 收 **225.00** s 元 量 52764 張 -16.50 (-6.83%)

UB2.00 276.08↓ BBandMA20 229.13↓ LB2.00 182.17↓

股性活潑，布林寬帶通常數據偏高。

BBand width 40.98↓% Band%EMA3 41.33↓%

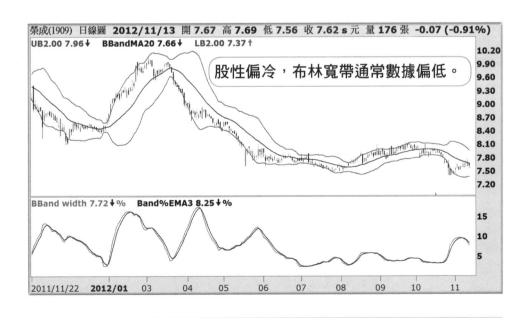

榮成(1909) 日線圖 **2012/11/13** 開 7.67 高 7.69 低 7.56 收 7.62 s 元 量 176 張 -0.07 (-0.91%)

UB2.00 7.96↓ BBandMA20 7.66↓ LB2.00 7.37↑

股性偏冷，布林寬帶通常數據偏低。

BBand width 7.72↓% Band%EMA3 8.25↓%

Point 06　逆勢搶短，用布林通道就對了

　　布林通道最常見的應用是當股價在±2σ之外時，可逆勢交易。根據統計，股價超過±2σ之外的機率只有5%，一般只有在突破的瞬間才會出現這種情況。不過，請注意了，不能單單只看布林通道就逆勢交易，還要配合成交量與出現的位置，若行情剛擺脫盤整（也就是布林開口很小，突然變大之時）。在價格跑出±2σ之外2～3根線之後，布林線就追上來了，當時處在一種行情剛受壓抑初得釋放的強勢上漲（下跌），就不能死硬的套用這個規則。以下用範例進一步說明。

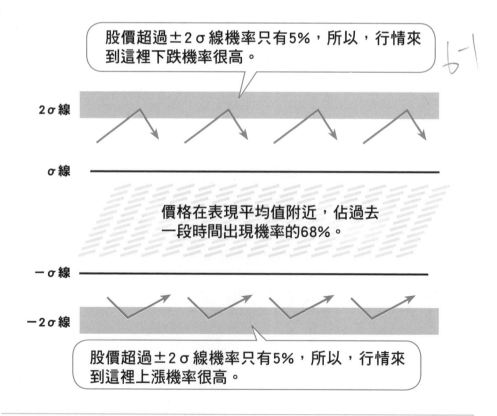

股價超過±2σ線機率只有5%，所以，行情來到這裡下跌機率很高。

2σ線

σ線

價格在表現平均值附近，佔過去一段時間出現機率的68%。

−σ線

−2σ線

股價超過±2σ線機率只有5%，所以，行情來到這裡上漲機率很高。

✳ 一般情況，價格超過±2σ都是短線逆勢交易的時機

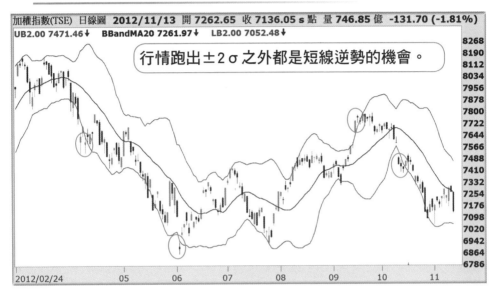

加權指數(TSE) 日線圖 **2012/11/13** 開 7262.65 收 7136.05 s 點 量 746.85 億 -131.70 (-1.81%)

UB2.00 7471.46 ↓　　BBandMA20 7261.97 ↓　　LB2.00 7052.48 ↓

行情跑出±2σ之外都是短線逆勢的機會。

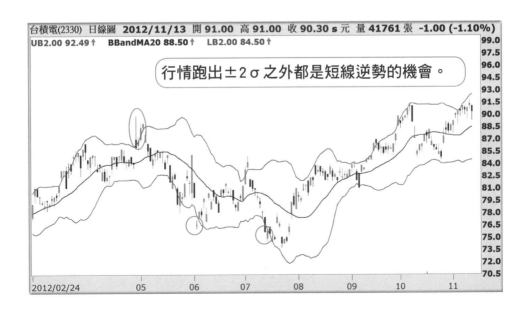

台積電(2330) 日線圖 **2012/11/13** 開 91.00 高 91.00 收 90.30 s 元 量 41761 張 -1.00 (-1.10%)

UB2.00 92.49 ↑　　BBandMA20 88.50 ↑　　LB2.00 84.50 ↑

行情跑出±2σ之外都是短線逆勢的機會。

63

＊ 初擺脫布林小口，行情跨出±2σ不適用短線逆勢交易(例一)

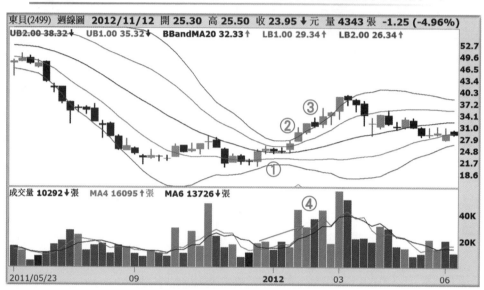

說明

① 布林開口很窄，行情盤整，處於能量蘊釀期。

② 初擺脫盤整，行情強勢向上漲，在這裡常會漲超過2σ，不一定就是短線的賣點。

③ 2～3根K線超過2σ，布林線隨後就會逐漸跟上，只能說，這裡是強勢上漲，不能隨意在這裡進行短線逆勢交易。

④ 擺脫盤整開始走上漲趨勢的另一個訊號是成交量變多。

6-4

* <u>初擺脫布林小口，行情跨出±2σ不適用短線逆勢交易(例二)</u>

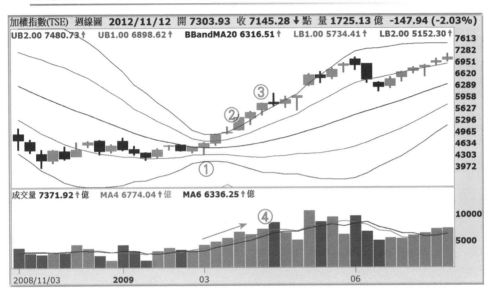

説明

①布林開口很窄，行情盤整，處於能量蘊釀期。

②初擺脫盤整，行情強勢向上漲，在這裡常會漲超過2σ，不一定就是
短線的賣點。

③2～3根K線超過2σ，布林線隨後就會逐漸跟上，只能說，這裡是強
勢上漲，不能隨意在這裡進行短線逆勢交易。

④擺脫盤整開始走上漲趨勢的另一個訊號是成交量變多。

6-5

＊ 初擺脫布林小口，行情跨出±2σ不適用短線逆勢交易(例三)

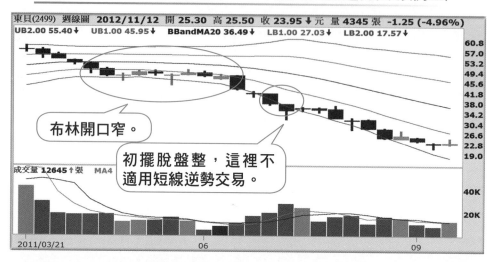

布林開口窄。

初擺脫盤整，這裡不適用短線逆勢交易。

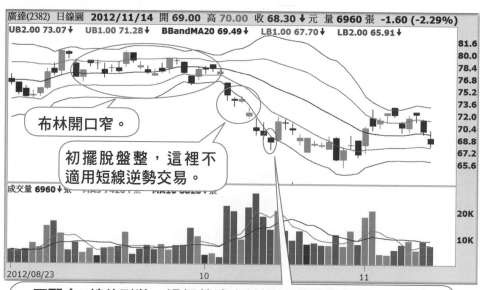

布林開口窄。

初擺脫盤整，這裡不適用短線逆勢交易。

可配合K線的形狀，這裡就適合做短線逆勢交易了，因為布林開口已經很寬，且出現長下影線，表示短期有支撐。

6-6

＊ 初擺脫布林小口，行情跨出±2σ不適用短線逆勢交易(例四)

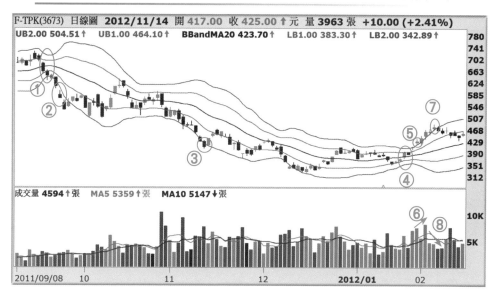

說明

①與④都是布林開口很窄的地方，所以②與⑤的訊號都是不可靠的，
尤其是⑤的K線，雖然已經跨出2σ，但從⑥成交量放大的訊號來
看，這裡屬於上漲的局面，不可以短線逆勢交易。

③是個有效的逆勢短線訊號，因為行情下跌已經一段時間，布林開口
很寬，且是根很長的陰線，說明短期想賣股票的人可能在這裡一口
氣恐慌的賣出了，接下來積極想賣股票的人就少了，行情容易在這
裡得到喘息，多頭有短期表現的機會。

⑦與③的情況類似，都是短線逆勢有效的訊號，在此可進一步看成交
量⑧，在這裡「價漲量減」，是跌的訊號，與布林訊號相互印證。

06
章

STOCK

布林通道+KD值+K線
套裝短線看盤法

Point ___ **01** ## 一套用技術線搶短的戰略

學習技術線的目的乃是為了捕捉行情，每一種技術線都有它的功能但也有它的盲點，初學者可以先熟悉某一項技術指標後，再配搭其他的指標，以下我們就把本書討論過的布林通道、KD與均線，當成一個「套組」演練示範。當然其中不能或缺的就是「K線」的看圖知識，若不熟悉K線分析方式的讀者，請參考本系列的第二本書「沒有理由不賺錢的股價圖學習提案」，裡面有詳細的介紹。

行情是活的，促使行情波動的最主要動力還是消息面與基本面，試想，從各式技術線圖來看，次日應該是屬於大漲局面，但意外的911事件爆發，再高明的技術線也沒有用武之地啊！因此，以下所介紹的判斷行情六條件，僅是一種思維行情的邏輯，而不是鐵則，它讓投資人可以有邏輯、有脈絡的去粗估行情的可能走勢，以防止人追高殺低的天性過度應用在投資一事上，尤其是初學者，最怕沒有自己的行情觀，進出完全憑臆測或道聽塗說，而陷入買時不知為何而買，賣時也不知為何而賣的迷糊窘境。

本章將具體說明一種捉短線交易行情的模式，它可以應用在周線、日線甚至是分線圖上，應該採用那一種線圖，就看讀者自己的操作週期，也可以用長線保護短線的方式思維。例如，從週線看出來短線有做多的機會，再從日線圖上其他指標找買進機會，依此類推。

以下就是短線的進場時機選擇，用文字敘述它有三步驟－－

第一步 辨別行情的大趨勢。

第二步 等待漲多了拉回或跌多了反彈。

第三步 確認回到原本的趨勢後進場。

* **本書所採用的短線戰略原則**

做多頭時

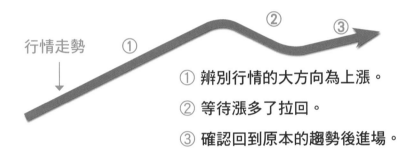

行情走勢

① 辨別行情的大方向為上漲。

② 等待漲多了拉回。

③ 確認回到原本的趨勢後進場。

做空頭時

行情走勢

① 辨別行情的大方向為下跌。

② 等待跌多了反彈。

③ 確認回到原本的趨勢後進場。

Point | 02 | 六條件，捉住短線獲利契機

使用本章的戰略，首先要辨別行情的大趨勢。

另外，對短線交易而言，找出行情大幅上漲或大幅下跌的標的非常重要，如果沒有這樣子的標的可供交易，最好的辦法就是空手，等到行情出現大的波動才出手。

接下來，當大幅上漲的時候就等拉回，當大幅下跌的時候就等反彈。拉回是上漲中暫時的下跌，反彈則是下跌中暫時的上漲。也就是說，要等待大幅上漲或大幅下跌之後的調整。調整過後，如果確認回到原本的上漲或下跌趨勢就可以進場。

▷ **買入時進場的條件**

接下來具體說明進場條件。關於買入的條件有以下六點。如果六條件全部都滿足的話就可以進場－－

條件一 急速或大幅上漲且布林通道的中軸線朝上。

條件二 KD指標在80%以上(參數設5，3，3)。

條件三 +2σ跟-2σ的寬度間隔在標準以上。

條件四 以陰線為中心下跌。

條件五 KD指標低於20%(參數設5，3，3)。

條件六 在布林通道的中軸線附近V型反彈。

有經驗的投資人，在看了以上六項條件之後可能會覺得完全符合所有條件相當困難，但投資人只要先熟悉最嚴苛的進場條件，之後就可以在某些條件上放寬限制。

接下來逐一說明－－

首先，要先判斷行情是否處於大幅上漲的情況，因為如果行情波動不大的話就不適合這裡所提的短線操作。

從前述的條件一～三可以看出來，它的條件都在確認行情是否正處於大幅上升中。確認K線大幅上升，KD指標的%D在80%以上的話就是大幅上漲的型態。

接著，+2σ跟-2σ的寬度間隔如果有達到「一定的標準」以上，就可以視為適合超短線操作。

什麼叫做「一定的標準」？

這要依交易標的不同而不同。

一般最簡單的判斷方法是看交易標的之前的歷史行情，要選擇布林開口大的時候進行交易。

接著，我們要看上漲後的拉回，這邊可以用條件四跟條件五來確認。也就是以陰線為中心下跌，並且KD指標的%D在20%以下的話就可以確認是拉回。

最後，要分辨是否回到原本的趨勢，這裡可以用條件六來做辨別。最理想的是行情在做為支撐線的中軸線附近反彈。在這裡如果呈

現V型反彈的話就滿足了條件。

關於V型反彈，是很重要條件，之後有詳細的說明。

如果所有條件都滿足，就在下一根K線的開盤價進場。

▷　**賣出時進場的條件**

下面說明辨別賣出時機的條件。同樣有六點，如果全部滿足的話就可以進場－－

條件一　急速或大幅下跌且布林通道的中軸線朝下。

條件二　KD指標在20%以下(參數設5，3，3)。

條件三　+2σ跟-2σ的寬度間隔在標準以上，

條件四　以陽線為中心上漲。

條件五　KD指標高於80%(參數設5，3，3)。

條件六　在布林通道的中軸帶附近倒V型下跌。

基本想法跟買入是一樣的。首先判斷行情是否大幅下跌。同樣是用條件一～三來做判斷，當K線大幅下跌時KD指標在20%以下，就可以知道大趨勢是往下的。

然後，看看+2σ跟-2σ的間隔是否在標準以上，是的話就可以視

為是短線交易的機會。

之後，再用條件四與條件五以確認下跌後的回升。以陽線為中心上漲，KD指標在80%以上的話就是一個標準的回升狀況。

最後，再用條件六辨別是否回到原本的大趨勢。

回跌的點在具有壓力功能的中軸線附近是最好的。

在這邊如果呈現倒V字回跌的話，就滿足所有的條件。

這時就可以在下一個K線的開盤價進場。

MEMO

....
....
....
....
....
....
....
....
....
....
....
....
....
....

Point **03** 拉回與反彈的說明

　　這一節將加強說明上一節所提的條件中的第四個條件，包話拉回（買入時）跟反彈（賣出時）。

　　什麼叫做「拉回」呢？

　　若你是很厲害的高手、老手，對「拉回」一定有自己的見解與定義，但在這裡我們要更具體的說明本書所指的「拉回」。

　　「拉回」是產生在一段行情大漲之後，而「拉回」第一個要注意的是K線的排列方式，也就是說，儘可能把K線向下整齊排列視為條件滿足。

　　相對於「整齊排列」的，就是當K線看起來雜亂的時候，並不能看作是滿足了前述的條件。

　　另外，依照不同投資人的操作需求，這一項「拉回」或「反彈」的方法適用於不同的時間段，但一般較建議用在短時間的k線圖上，例如日線、不同參數的分鐘線。

　　從拉回與反彈的範例圖來看，行情「拉回」時陰線很整齊的排列著，雖然其中摻雜著陽線，但只要不散亂到像水平盤整一樣，仍合於條件。

　　反彈的判斷方式也一樣，在反彈的範例中，陽線整齊的排列著，即使摻雜著陰線也可以，但若散亂得像水平盤整就不合於條件。

＊ 合格反彈的範例－當Ｋ線整齊排列時才合於條件

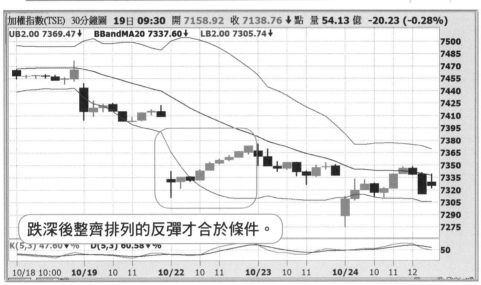

跌深後整齊排列的反彈才合於條件。

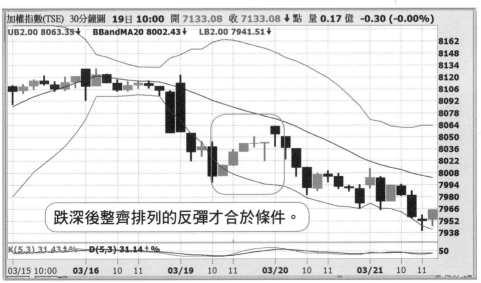

跌深後整齊排列的反彈才合於條件。

* 不合格反彈的範例－雖然價格跌深上漲，但k線排列雜亂 3-2

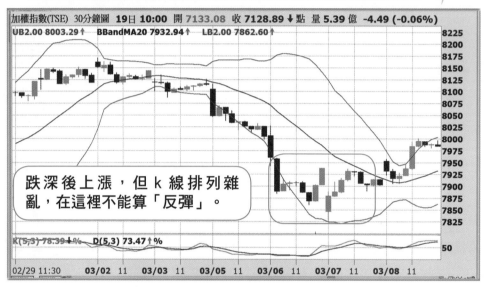

跌深後上漲，但k線排列雜亂，在這裡不能算「反彈」。

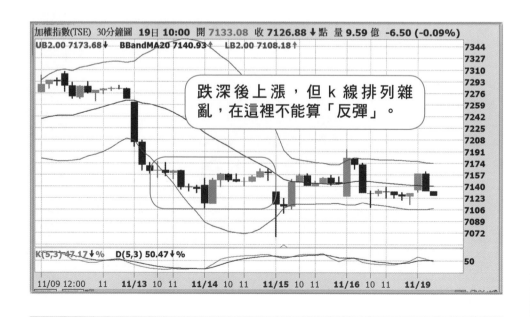

跌深後上漲，但k線排列雜亂，在這裡不能算「反彈」。

＊ 合格拉回的範例－當K線整齊排列時才合於條件

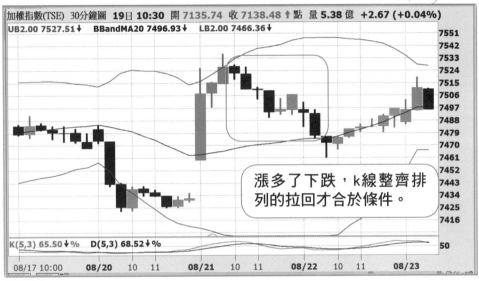

漲多了下跌，k線整齊排列的拉回才合於條件。

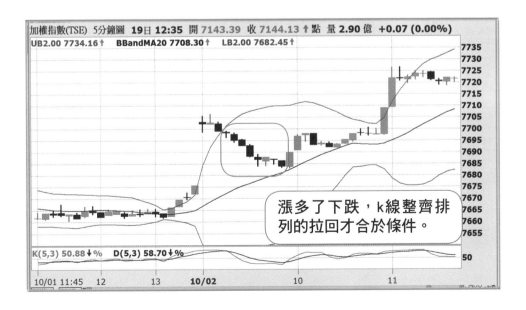

漲多了下跌，k線整齊排列的拉回才合於條件。

* **不合格拉回的範例－雖然價格超漲下跌，但k線排列雜亂** 3-4

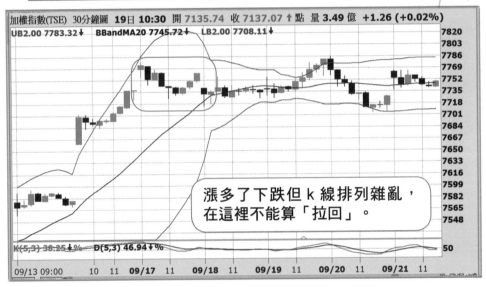

漲多了下跌但k線排列雜亂，在這裡不能算「拉回」。

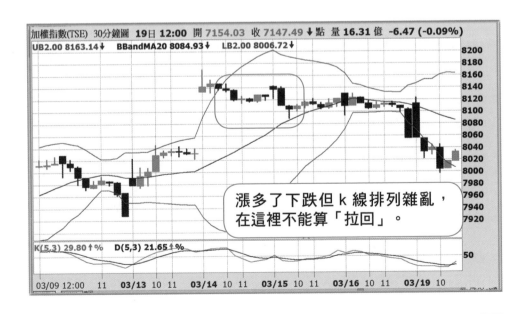

漲多了下跌但k線排列雜亂，在這裡不能算「拉回」。

V字與倒V字的說明

在條件六中所提的V字，重點就在拉回接近中軸線的3根K線是否呈現「V字」型。

特別要注意的是3根K線正中間的K線，確認為V字型時，正中間K線的實體部分底部（開盤價或收盤價）要比其他2根K線實體部分的底部還要下面，如此形成V字才算是滿足條件。如果中間的線沒有比其他兩根線低的話是無法形成V字的。另外，V字的第三根K線必須是陽線才合於條件。

* V字型的意思

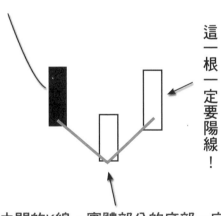

這一根一定要陽線！

中間的K線，實體部分的底部一定要比其他2根K線還低。

倒V字的確認方式則是中間K線的實體頂部要比其他兩根K線實體頂部高，才算是滿足了條件六，且確認線一定是陰線。

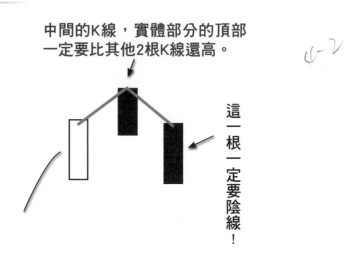

＊ <u>倒Ｖ字型的意思</u>

中間的K線，實體部分的頂部一定要比其他2根K線還高。

這一根一定要陰線！

另外，也要注意十字線。所謂十字線，就是開盤價跟收盤價相同的K線。有一字線、十字線、T字線、倒T字線四種狀況。像這樣的K線既不是陽線也不是陰線。請注意，在本書中這些K線所形成的V字或倒V字都不能算是滿足條件。

＊ <u>十字線在本書都不合於Ｖ字型或倒Ｖ字型</u>

一字線　　　　十字線　　　　T字線　　　　倒T字線

確定了K線排列為V字型之後，接下來要注意V字型與中軸線的位置關係－－如果V字型只是稍微離開中軸線，請自行判斷進場的時機－－離開很遠的話，先觀望；如果稍微離開中軸線請注意V字型第三根確認線的收盤價，V字型的確認線收盤價必須要在中軸線之上。

因為拉回如果過多的話，V字型確認線的收盤價經常在移動平均線下方，這種時候並不能滿足進場條件。

* **V字型與中軸線的範例**

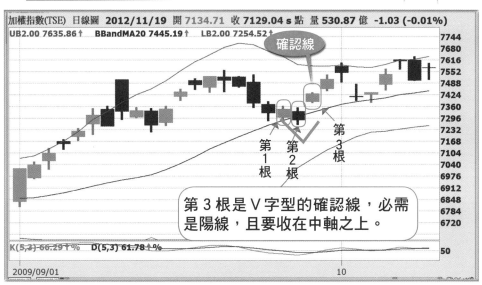

一樣的原則，倒V字型確定時，確認線的收盤價也一定要在中軸線下方，若收盤價的中軸線的上方表示反彈過高，宜先觀望。

在確定V字(或倒V字)後，在下一個K線的開盤價買進(賣出)。

＊ 倒Ｖ字型與中軸線的範例

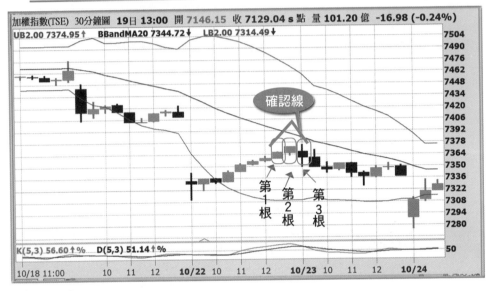

第1根
第2根
第3根
確認線

確認線
第1根 第2根
第3根

　　首先從買進開始說明。下圖是加權股價指數的5分線圖，條件一是行情急速或大幅上漲，移動平均線往上，從圖上來看，是滿足第一個條件了；條件二，KD指標要在80%以上，這個例子的KD指標到達86%，已經滿足了條件二；條件三要符合+2σ跟-2σ的寬度是突破行情時的寬度，觀察比較左邊的歷史行情，在這裡布林開口較寬，所以也達到要求；條件四以陰線為中心呈下跌狀況，從圖上看連續6根陰線整齊的下跌，所以也滿足了條件四；條件五，拉回的時候KD指標在20%以下，這裡是18%，所以條件滿足；條件六在移動平均線附近呈現V字反彈，從圖上可以看到在移動平均線上形成V字反彈，滿足條件六。逐一條件確認之後，就在確定V字的下一個K線以開盤價進場。

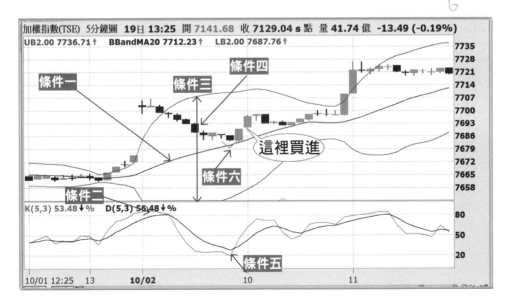

Point 07 **搶短放空範例**

　　下圖是加權股價指數的30分線圖。條件一是行情急速或大幅下跌，移動平均線往下。從圖上來看，已滿足第一個條件；條件二，KD指標要在20%以下，這個例子的KD指標28%，雖高於20%，但放寬條件仍合於條件；條件三要符合+2σ跟-2σ的寬度不能太窄，跟前面比較就知道它屬於寬的，所以也達到要求；條件四以陽線為中心呈上漲狀況，從圖上看連續6根陽線整齊的上漲，所以也滿足了條件四；條件五，反彈的時候KD指標在80%以上，這裡高達88%，所以也條件滿足；條件六在移動平均線附近呈現倒V字下跌。從圖上可以看到在移動平均線上形成倒V字下跌，滿足條件六。

　　逐一條件確認之後，就在確定倒V字的下一個K線的開盤價進場。

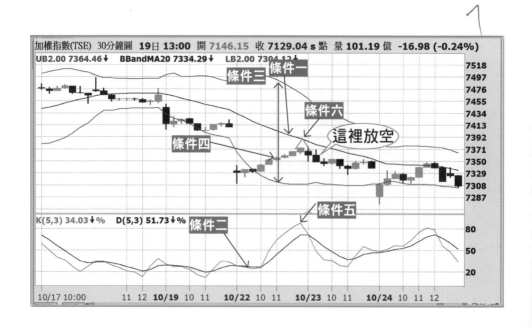

　　規則是死的，行情是活的，沒有先學死板板的規則，在面對猶如醉漢步履的價格時，更摸不著頭緒了。

　　以下範例，讀者可以先想一想該如何「解盤」，之後再看次頁的解答。讀者可以在書上認真的研讀範例以增加功力，最好的辦法是自己利用影印機把很多各式各樣的股價圖列印下來，自己考自己，相信不久看盤能力必然大增。在此要先說明，本書乃是完全討論「技術」，完全不看基本面與消息面，讀者一面要有技術的底子，一面也要考慮消息面的影響，尤其是短線交易，受消息面的影響很大，技術面能做為參考，但也不能忽略消息面，這點很重要。

Q *01*　在▲處可以買進？

A 01　在▲處可以買進。

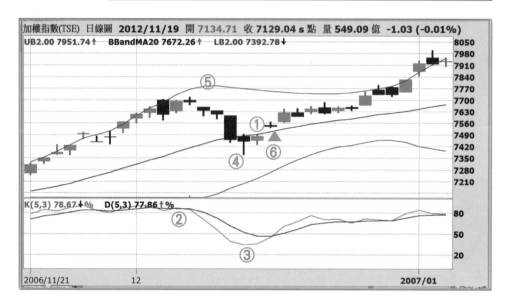

解說

①均線還在上揚，說明行情還有好光景可期待。

②KD高過80%，說明行情曾歷經一波急漲(或大漲)。

③KD雖然不在20%之下，但也有30%，說明行情拉回也很厲害。

④是一根留著長下影線的K線，說明在拉回的過程中，低價處有支撐。

⑤觀察布林通道的開口相當大，說明未來上漲還有空間。

⑥若要完全符合條件必需K線在均線附近排列是V型反轉，但這根十字
線已經跳空上漲，說明這裡布林線的中軸(也就是均線)有強力的支撐
力道，故可以在這裡買進。

MEMO

....
....
....
....
....
....
....
....
....

Q 02　在▲處可以買進？

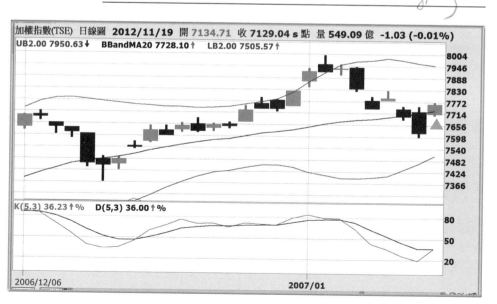

A 02　　在▲處可以買進。　　　　　　　　8-4

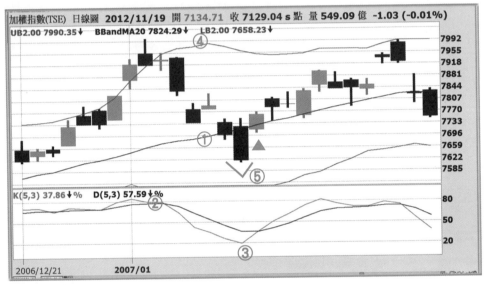

解說

①均線還在上揚，說明行情還有好光景可期待。

②KD高過80%，說明行情曾歷經一波急漲(或大漲)。

③KD在20%之下，說明行情拉回也很厲害。

④觀察布林通道的開口相當大，說明未來上漲還有空間。

⑤K線在均線附近排列是V型反轉。說明這裡布林線的中軸(也就是均線)有強力的支撐力道，故可以在這裡買進。

MEMO

....
....
....
....
....
....
....
....
....
....

Q 03 在▲處可以買進？

8~5

加權指數(TSE) 日線圖 **2012/11/19** 開 **7134.71** 收 **7129.04 s** 點 量 **549.09** 億 **-1.03 (-0.01%)**

UB2.00 8947.55↑   BBandMA20 8707.64↑   LB2.00 8467.72↑

K(5,3) 46.88↑%   D(5,3) 41.59↑%

2011/03/04   04

A 03 在▲處可以買進，但要跑短線，做錯要立刻停損。

解說

①均線還在上揚，說明行情還有好光景可期待。

②KD高過80%，說明行情曾歷經一波急漲(或大漲)。

③KD在20%之下，說明行情拉回也很厲害。

④的K線排列非常漂亮，若是處於下跌很久的低檔，是「啟明星」預示
行情將有表現。但最讓人疑慮的在⑤的K線排列。

⑤並不是漲多了拉回的整齊排列，而是水平整理，雖然均線仍上揚，
但力道有被消弱之虞，所以雖然有上漲的機會，但只能做短。

⑥雖然判斷正確買進後跳空上漲，但上漲過急，短線應在這裡賣出。

MEMO

....

....

....

....

....

....

....

....

....

Q 04 　在▲處可以買進？

A 04 在▲處不宜買進。

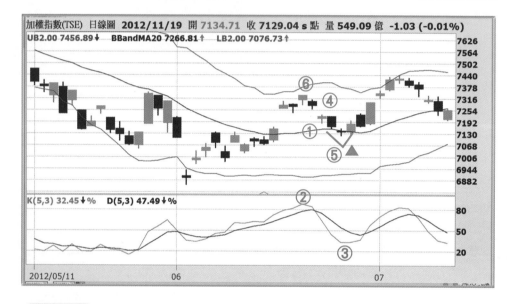

![解說]

①均線沒有上揚，處於水平的情況。

②KD高過80%，說明行情曾歷經一波急漲(或大漲)。

③KD在30%左右，說明行情拉回也很厲害。

④的K線排列拉回很乾脆，合於條件。

⑤算是V型反轉，但中間K線是十字線，並不合於條件。

⑥是決定不進場的重要原因，因為布林寬度太窄(可觀察前面的行情判斷寬或窄)，就算進場買進，短線上漲的幅度也不大。

MEMO

....
....
....
....
....
....
....
....
....
....

Q 05 在▲處可以買進?

8-9

加權指數(TSE) 日線圖 **2012/11/19** 開 **7134.71** 收 **7129.04 s** 點 量 **549.09** 億 **-1.03 (-0.01%)**

UB2.00 8145.61↑   BBandMA20 7972.13↑   LB2.00 7798.65↑

K(5,3) 42.26↑%   D(5,3) 49.60↓%

2012/01/03   02   03

A 05 在▲處不宜買進。

加權指數(TSE) 日線圖 **2012/11/19** 開 **7134.71** 收 **7129.04 s** 點 量 **549.09** 億 **-1.03 (-0.01%)**

解說

①均線仍在上揚,說明行情還有好光景可期待。。

②KD高過80%,說明行情曾歷經一波急漲(或大漲)。

③KD在40%左右,說明行情拉回不算很厲害。

④的K線排列拉回很乾脆,合於條件。

⑤可算是V型反轉,雖然中間K線低於均線很多,但第三根確認線收陽
線且在均線之上,是很漂亮的線型。

⑥是決定不進場的重要原因,因為布林開口太窄(可觀察前面的行情判
斷寬或窄),就算進場買進,短線上漲的幅度也不大。故不進場。

MEMO

....

....

....

....

....

....

....

....

....

Q 06 在▲處可以放空嗎?

8-11

A 06 在▲處可以放空。

8-12

解說

①均線還在下彎，說明行情還有下跌的勢頭。

②KD低過20%，說明行情曾歷經一波急跌(或大跌)。

③KD將近80%之，說明反彈也很厲害。

④K線反彈排列算是整齊，合於條件。

⑤在下跌的均線出現倒 V 字排列，合於條件。

⑥觀察布林通道的開口相當大，說明未來下跌還有空間。在▲處可放
   空。

MEMO

....

....

....

....

....

....

....

....

....

Q 07   在▲處可以放空嗎?   8-13

A 07　在▲處宜放空。

8~14

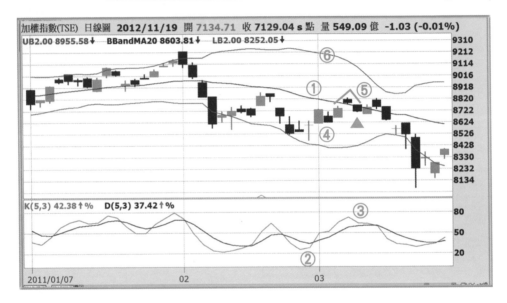

解說

①均線還在下彎，說明行情還有下跌的勢頭。

②KD低過20%，說明行情曾歷經一波急跌(或大跌)。

③KD將近80%之，說明反彈也很厲害。

④K線反彈排列算是整齊，合於條件。

⑤在下跌的均線出現倒V字排列，合於條件。

⑥觀察布林通道的開口相當大，說明未來下跌還有空間。在▲處可放
　空。

MEMO

....

....

....

....

....

....

....

....

....

....

Q 08　在▲處可以放空嗎？　8-15

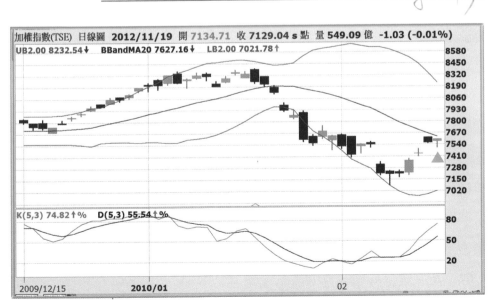

A 08 在▲處可做短空，萬一做錯立刻停損。

解說

①均線還在下彎，說明行情還有下跌的勢頭。

②KD接近20%，說明行情曾歷經一波急跌(或大跌)。

③KD將近80%，說明反彈也很厲害。

④K線反彈排列算是整齊，合於條件。

⑤排列並非倒V字排列，理論上不合於條件，但第三根確認線是帶著下影的小陽線，且在均線之下，若是搶短線放空，也有可能獲利。

⑥觀察布林通道的開口相當大，故在▲處可放空，但因⑤的形狀不好，萬一猜錯行情要立刻認賠出場。

MEMO

....
....
....
....
....
....
....
....
....
....

Q 09 在▲處可以放空嗎?

8~17

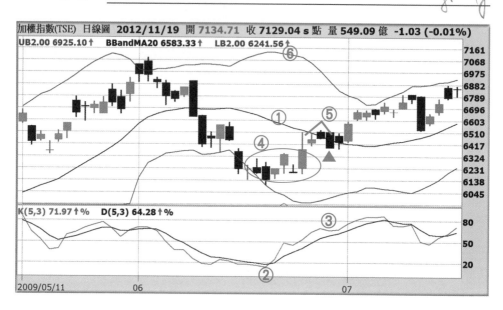

A **09** 在▲處不可放空。

8~18

解說

① 均線還在下彎，說明行情還有下跌的勢頭。

② KD接近20%，說明行情曾歷經一波急跌(或大跌)。

③ KD將近80%，說明反彈也很厲害。

④ K線反彈過於雜亂，不合於條件。雖然⑤的排列是典型的倒 V 字排
列，⑥的布林通道的開口相當大，但反彈不乾脆，空方力道很可能
早已消耗完畢，在這裡放空很容易出錯。

MEMO

....

....

....

....

....

....

....

....

....

Q 10 在▲處可以放空嗎?　　　　　　　　　　　　8-19

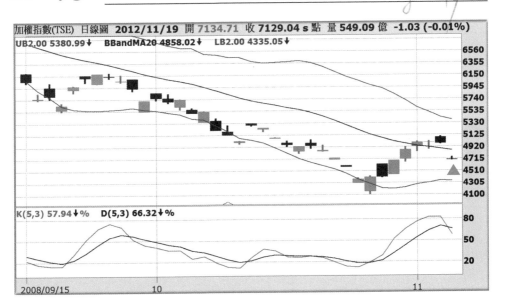

A 10 在▲處可放空。

解說

①均線還在下彎，說明行情還有下跌的勢頭。

②KD低過20%，說明行情曾歷經一波急跌(或大跌)。

③KD將近80%說明反彈也很厲害。④K線反彈非常整齊，合於條件。

⑤在下跌的均線出現倒 V 字排列，但偏離均線很遠，且確認線並非陰線，而是跳空的十字線，因此並不完全合於條件，但收在均線之下，可冒點風險在這裡放空。

⑥觀察布林通道的開口算是寬，說明下跌還有空間。在▲處可放空。

投資智典系列

股票獲利智典①　定價：199元

技術面篇

作者：方天龍

股票獲利智典④　定價：199元

5分鐘K線篇

作者：新米太郎

股票獲利智典②　定價：199元

股價圖篇

作者：新米太郎

股票獲利智典⑤　定價：199元

期貨當沖篇

作者：新米太郎

股票獲利智典③　定價：199元

1日內交易篇

作者：新米太郎

股票獲利智典⑥　定價：249元

超短線篇

作者：新米太郎

【訂購資訊】　　http://www.book2000.com.tw

郵局劃撥：帳號/19329140　戶名/恆兆文化有限公司
ATM匯款：銀行/合作金庫(代碼006)/三興分行/1405-717-327091
貨到付款：請來電洽詢　TEL 02-27369882　FAX 02-27338407

投資好書
富足人生

貨到付款

享折扣＋免運費

購買恆兆圖書的 4 種方法

第 1 種
貨到付款　　　請打 02.27369882 由客服解說。

第 2 種
劃撥郵購　　　劃撥帳號　19329140
　　　　　　　　戶名　恆兆文化有限公司

第 3 種
上網訂購　　　請上 www.book2000.com.tw
（可選擇信用卡）

第 4 種　　　銀行代碼 (006) 合作金庫 三興分行
來電或傳真　　銀行帳號 1405-717-327-091
由銀行 ATM 匯款　戶名　恆兆文化有限公司
　　　　　　　　電話　02.27369882
　　　　　　　　傳真　02.27338407

股票超入門 第 1 集

技術分析篇

定價：249元

K線、移動平均線還有常聽到投顧老師
說的像是圓形底、M頭、跳空等等，初
學者一定要會的基本技術分析功力，作
者採圖解＋實例解說的方式為說明。是
每一位初入門者必學的基本功。

股票超入門 第 2 集

看盤選股篇

定價：249元

新手常常面臨到一個窘境，明明已經
練好功夫準備一展身手，一面對盤勢
時……天吶，數字跳來跳去，股票又上
千檔，我該如何下手呢？本書有詳細的
步驟範例，教你看盤＋選股。

股票超入門 第 3 集

基本分析篇

定價：249元

主要是討論企業的財務報表與如何計算公司的獲利能力與合理股價。雖然它不像線圖或消息面那樣受到散戶的重視，卻是任何一位投資者都必需具備的基本功，就像打拳得先練內力一樣。

股票超入門 第 4 集

當沖大王

定價：450元

面對市場的詭譎不定，不少投資人最後採取每天沖銷，既省事晚上又睡得好。然而，做當沖比一般投資更需要技術，尤其要完全摸透主力的心思。投資人需要的是高手的實戰典範，而非理論。

股票超入門 第 5 集

波段飆股

定價：399元

淺碟型的台股很難用國外長期投資的思維進行交易，而對一般非職業的投資人而言，短線又照顧不到，波段交易是最常見的投資策略。不全採多頭思維，看懂波段行情，一段一段多空都賺。

股票超入門 第6集

K線全解

定價：249元

K線，是初學股票者的第一塊敲門磚，但你過去所學的K線，有可能因為這本書而完全顛覆，最重要的原因是過去你所學的K線看圖法可能不夠「細」也不夠「活」，這是口碑超級好的一本書。

股票超入門 第7集

投資技巧

定價：249元

支撐與壓力的判斷、量與價的搭配，這兩大主題本書有詳細的解說。交易，不可能把把賺，但了解那一區塊是支撐那一區塊是壓力，其中成交量的變化如何，卻可以讓投資者大大提高勝率。

短線高手

定價：249元

本書著重在一位短線高手的「隔日沖」交易細節大公開，雖然這是一套很「有個性」的交易方法，但本書發行以來好評不斷，看到別人的交易方法，自己的交易思維可以進一步提升。

主力想的和你不一樣

定價：299元

作者以其自身的經歷與操盤經驗，白描他所認識的主力操盤思維。其中融合了一位與作者曾經很熟識的天王主力與作者訪問過的３０位法人主力。創新的內容，是台股投資人不可或缺的一本書。

籌碼細節

定價：349元

新聞可以騙、線圖可以騙、投顧老師更不乏騙子之徒，所以，只要是高手，沒有不必然看籌碼的。至於怎麼看？「細節」才是重點!活逮主力、輕鬆搭轎，就從捉住籌碼細節開始。

股票超入門 第11集

融資融券

定價：249元

新手搞半天還是對融資融券一知半解嗎?這是台灣股票書史上,目前為止對於融資融券的實務介紹得最完整、資料最新的一本書。此外,有關資、券實戰一步一步的教授,沒有20年的操盤功力是絕對寫不出來的。

股票超入門 第12集

放空賺更多

定價：299元

2011年初,作者從台股盤面的幾個訊號,就已經預告當年台股是「放空年」。
你知道放空時機如何掌握嗎?作者數十年的操盤經驗,教你如何捉準時機大賺放空財。

股票超入門 第13集

非贏不可

定價：399元

6個 投資逆轉勝的故事
沒有人天生就是交易贏家，編輯部以第
一人稱的敘述寫法，專訪六位期貨、股
票贏家，暢談他們從菜鳥期、學習期、
提升期到成熟期的交易心得與方法。

• 國家圖書館出版品預行編目資料

股市贏家精通的技術線學習提案	/imoney123 編輯部 編著.
-- 台北市：	恆兆文化，2012.12
192面；17公分×23公分	（ i 世代投資；4）
ISBN 978-986-6489-41-9 （平裝）	
1.股票投資 2.投資技術 3.投資分析	
563.53	101023136

i 世代投資系列 4：

股市贏家精通的技術線學習提案

出 版 所　　　恆兆文化有限公司
　　　　　　　Heng Zhao Culture Co.LTD
　　　　　　　www.book2000.com.tw
發 行 人　　　張正
作 者　　　i money123編輯部
封 面 設 計　　王慧莉
責 任 編 輯　　文喜
插 畫　　　韋懿容
電 話　　　＋886-2-27369882
傳 真　　　＋886-2-27338407
地 址　　　台北市吳興街118巷25弄2號2樓
　　　　　　　110,2F,NO.2,ALLEY.25,LANE.118,WuXing St.,
　　　　　　　XinYi District,Taipei,R.O.China
出 版 日 期　　2012/12初版
I S B N　　　978-986-6489-41-9(平裝)
劃 撥 帳 號　　19329140 戶名 恆兆文化有限公司
定 價　　　新台幣 249 元
總 經 銷　　　聯合發行股份有限公司 電話 02-29178022

特別銘謝：
本書採用之技術線圖與資料查詢畫面提供：
嘉實資訊股份有限公司

網址：http://www.xq.com.tw